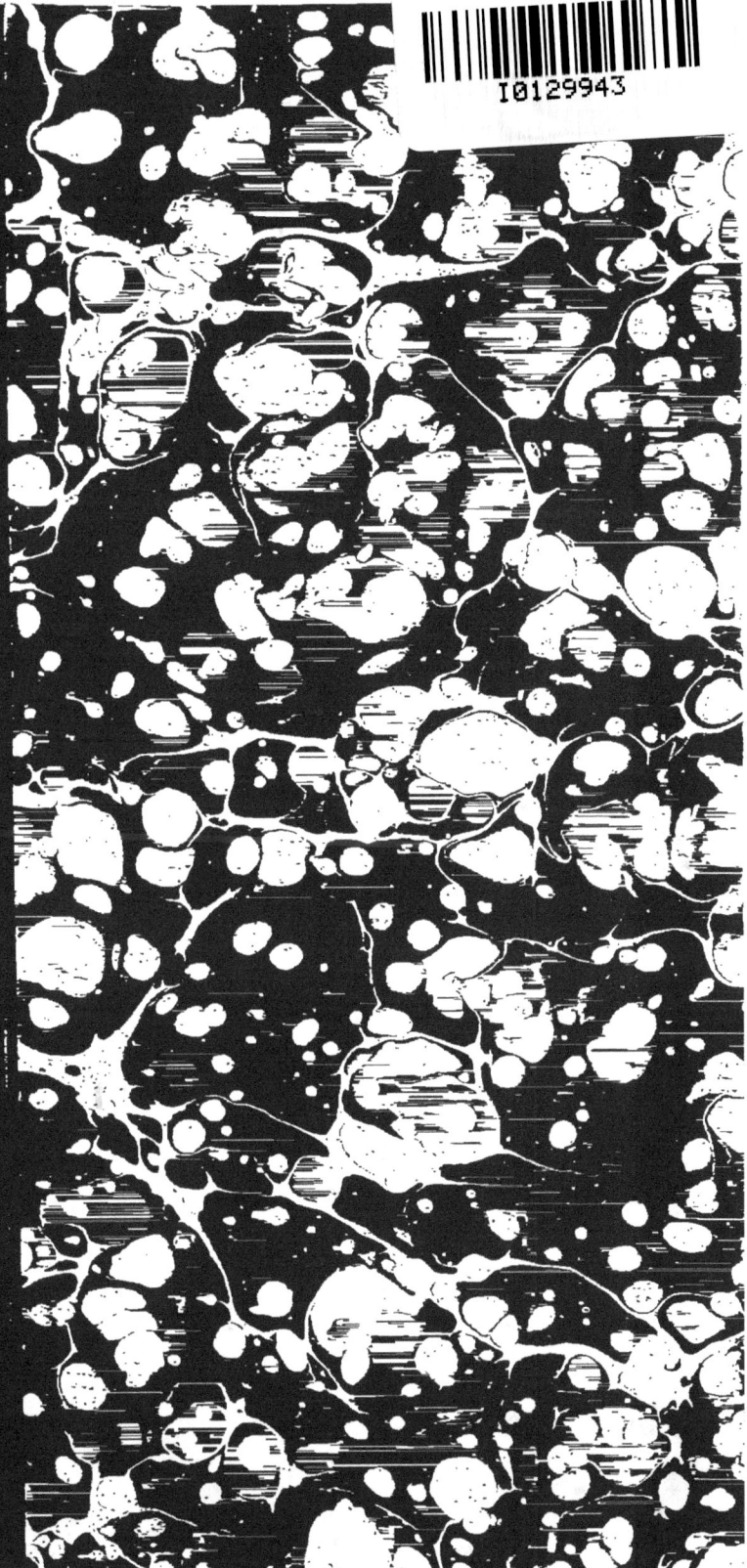

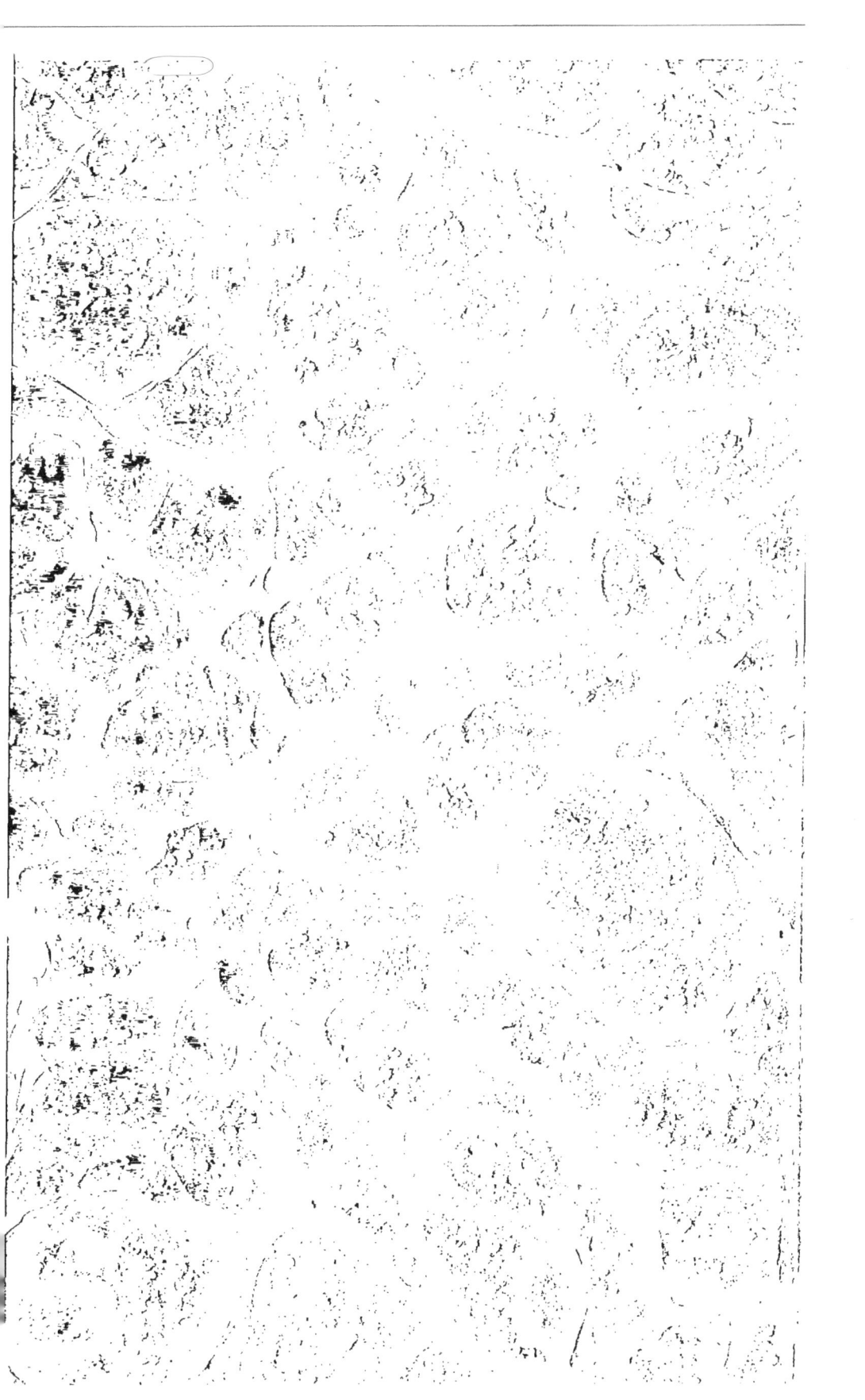

ROBERT 1969

Lin 27
21956.

LA BRUYÈRE.

6099

LA BRUYÈRE

ET

LA ROCHEFOUCAULD

Mᵐᵉ DE LA FAYETTE ET Mᵐᵉ DE LONGUEVILLE

PARIS

IMPRIMERIE DE H. FOURNIER ET Cᴵᴱ
RUE SAINT-BENOÎT, 7

1842

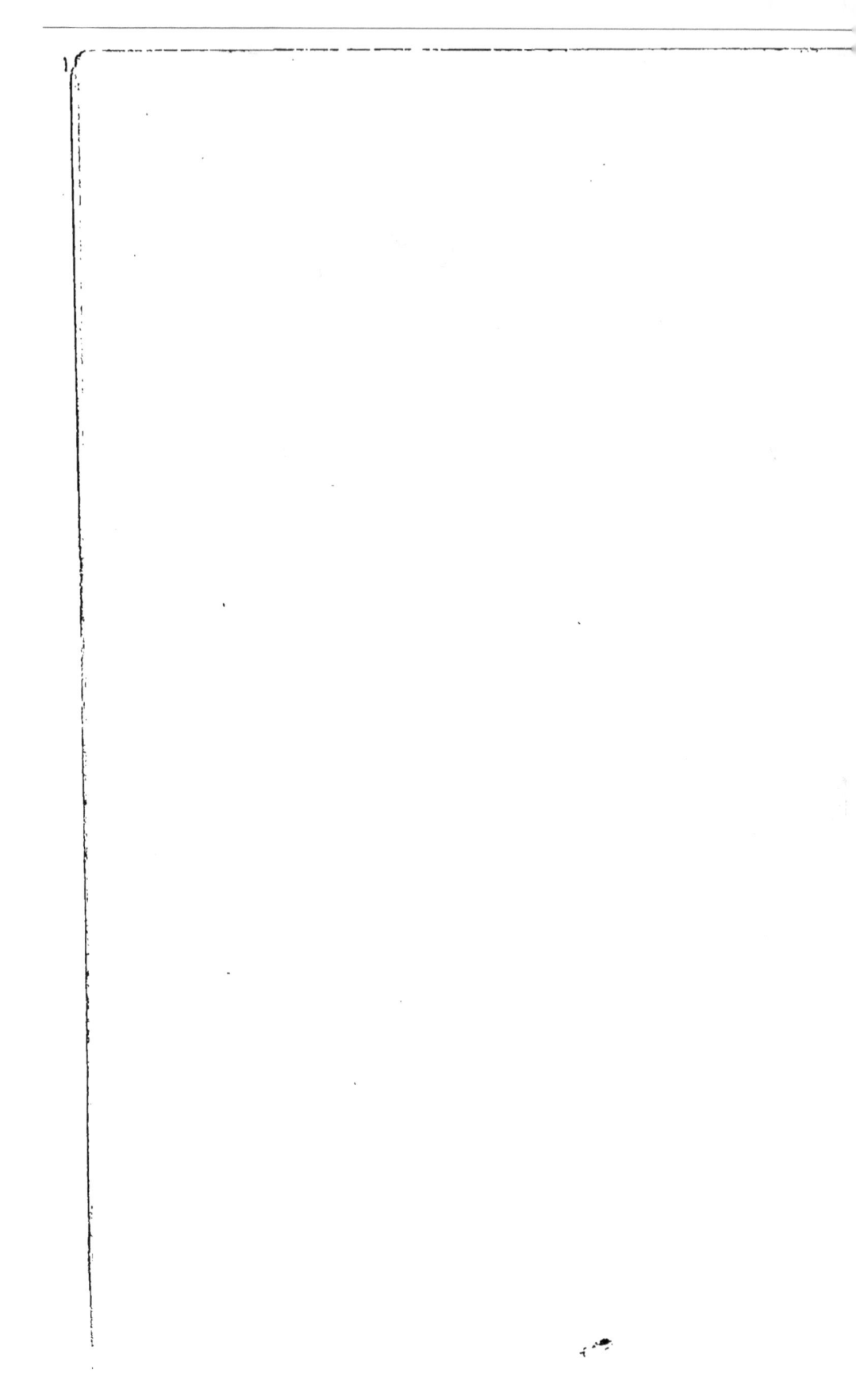

On a pensé à recueillir ici et à réunir en un petit volume, non pas pour le public, mais pour quelques amis particuliers, et par goût des lettres en elles-mêmes, quatre morceaux déjà imprimés ailleurs, sur les deux célèbres moralistes du XVIIᵉ siècle, La Bruyère et La Rochefoucauld, et sur deux femmes illustres qui ont tenu une grande place dans la vie de ce dernier. Le tout présente une sorte d'ensemble qui a paru gagner à être ainsi isolé. On s'est risqué à y ajouter un cinquième morceau, qui s'y rattache moins étroitement, mais dont madame Des Houlières, ce disciple de **M. de La Rochefoucauld**, fait presque tous les frais : ce n'est qu'une variété encore de la même morale.

Quant à la nouvelle qui termine, il y a bien lieu de craindre en effet qu'après cette suite de conversations dans le xviie siècle, on n'y trouve aucun rapport.

———

LA BRUYÈRE.

Vers 1687, année où parut le livre des *Caractères*, le siècle de Louis XIV arrivait à ce qu'on peut
appeler sa troisième période; les grandes œuvres qui
avaient illustré son début et sa plus brillante moitié
étaient accomplies; les grands auteurs vivaient encore la plupart, mais se reposaient. On peut distinguer, en effet, comme trois parts dans cette littérature glorieuse. La première, à laquelle Louis XIV ne

fit que donner son nom et que prêter plus ou moins
sa faveur, lui vint toute formée de l'époque précédente; j'y range les poëtes et les écrivains nés de
1620 à 1626, ou même avant 1620, La Rochefoucauld, Pascal, Molière, La Fontaine, madame de Sévigné. La maturité de ces écrivains répond ou au
commencement ou aux plus belles années du règne
auquel on les rapporte, mais elle se produisait en
vertu d'une force et d'une nourriture antérieures.
Une seconde génération très-distincte et propre au
règne même de Louis XIV, est celle en tête de laquelle
on voit Boileau et Racine, et qui peut nommer encore
Fléchier, Bourdaloue, etc., etc., tous écrivains ou
poëtes, nés à dater de 1652, et qui débutèrent dans
le monde au plus tôt vers le temps du mariage du
jeune roi. Boileau et Racine avaient à peu près ter-
miné leur œuvre à cette date de 1687; ils étaient
tout occupés de leurs fonctions d'historiographes.
Heureusement, Racine allait être tiré de son silence
de dix années par madame de Maintenon. Bossuet
régnait pleinement par son génie en ce milieu du
grand règne, et sa vieillesse commençante en devait
longtemps encore soutenir et rehausser la majesté.
C'était donc un admirable moment que cette fin d'été

radieuse, pour une production nouvelle de mûrs et
brillants esprits. La Bruyère et Fénelon parurent et
achevèrent, par des grâces imprévues, la beauté d'un
tableau qui se calmait sensiblement et auquel il devenait d'autant plus difficile de rien ajouter. L'air
qui circulait dans les esprits, si l'on peut ainsi
dire, était alors d'une merveilleuse sérénité. La chaleur modérée de tant de nobles œuvres, l'épuration
continue qui s'en était suivie, la constance enfin des
astres et de la saison, avaient amené l'atmosphère
des esprits à un état tellement limpide et lumineux,
que, du prochain beau livre qui saurait naître, pas
un mot immanquablement ne serait perdu, pas une
pensée ne resterait dans l'ombre, et que tout naîtrait
dans son vrai jour. Conjoncture unique! éclaircissement favorable en même temps que redoutable à
toute pensée! car combien il faudra de netteté et de
justesse dans la nouveauté et la profondeur! La
Bruyère en triompha. Vers les mêmes années, ce qui
devait nourrir à sa naissance et composer l'aimable
génie de Fénelon était également disposé et comme
pétri de toutes parts; mais la fortune et le caractère
de La Bruyère ont quelque chose de plus singulier.

On ne sait rien ou presque rien de la vie de La

Bruyère, et cette obscurité ajoute, comme on l'a remarqué, à l'effet de son œuvre, et, on peut dire, au bonheur piquant de sa destinée. S'il n'y a pas une seule ligne de son livre unique qui, depuis le premier instant de la publication, ne soit venue et restée en lumière, il n'y a pas, en revanche, un détail particulier de l'auteur qui soit bien connu. Tout le rayon du siècle est tombé juste sur chaque page du livre, et le visage de l'homme qui le tenait ouvert à la main s'est dérobé.

Jean de La Bruyère était né dans un village proche Dourdan, en 1639, disent les uns; en 1644, disent les autres et D'Olivet le premier, qui le fait mourir à cinquante-deux ans (1696). En adoptant cette date de 1644, La Bruyère aurait eu vingt ans quand parut *Andromaque;* ainsi tous les fruits successifs de ces riches années mûrirent pour lui et furent le mets de sa jeunesse; il essuyait, sans se hâter, la chaleur féconde de ces soleils. Nul tourment, nulle envie. Que d'années d'étude ou de loisir durant lesquelles il dut se borner à lire avec douceur et réflexion, allant au fond des choses et attendant! Il résulte d'une note écrite vers 1720, par le Père Bougerel ou par le Père Le Long, dans des mémoires particuliers qui se trouvaient à la bibliothèque de l'Oratoire, que La Bruyère a été de cette congrégation [1]. Cela veut-il dire qu'il y fut simplement élevé ou qu'il y fut engagé quelque temps? Sa première relation avec Bossuet se rattache peut-être à cette circonstance. Quoi qu'il en soit, il venait d'acheter une charge de trésorier de France à Caen lorsque Bossuet, qu'il connaissait on ne sait d'où, l'appela près de M. le Duc pour lui enseigner l'histoire. La Bruyère passa le reste de ses jours à l'hôtel de Condé à Versailles, attaché au prince en qualité d'homme de lettres avec mille écus de pension.

D'Olivet qui est malheureusement trop bref sur le célèbre auteur, mais dont la parole a de l'autorité, nous dit en des termes excellents : « On me l'a dé-« peint comme un philosophe, qui ne songeoit qu'à « vivre tranquille avec des amis et des livres, faisant « un bon choix des uns et des autres; ne cherchant « ni ne fuyant le plaisir; toujours disposé à une joie « modeste, et ingénieux à la faire naître; poli dans « ses manières et sage dans ses discours; craignant « toute sorte d'ambition, même celle de montrer de

[1] Histoire manuscrite de l'Oratoire, par **Adry,** aux Archives du Royaume.

« l'esprit [1]. » Le témoignage de l'académicien se
trouve confirmé d'une manière frappante par celui
de Saint-Simon, qui insiste, avec l'autorité d'un témoin non suspect d'indulgence, précisément sur ces
mêmes qualités de bon goût et de sagesse : « Le pu-
« blic, dit-il, perdit bientôt après (1696) un homme
« illustre par son esprit, par son style et par la con-
« noissance des hommes ; je veux dire La Bruyère,
« qui mourut d'apoplexie à Versailles, après avoir
« surpassé Théophraste en travaillant d'après lui et
« avoir peint les hommes de notre temps dans ses
« nouveaux *Caractères* d'une manière inimitable.
« C'étoit d'ailleurs un fort honnête homme, de très
« bonne compagnie, simple, sans rien de pédant et
« fort désintéressé. Je l'avois assez connu pour le
« regretter et les ouvrages que son âge et sa santé
« pouvoient faire espérer de lui. » Boileau se montrait un peu plus difficile en fait de ton et de manières
que le duc de Saint-Simon, quand il écrivait à Racine,
19 mai 1687 : « Maximilien (*pourquoi ce sobriquet*

---

[1] J'hésite presque à glisser cette parole de Ménage, moins bon
juge ; elle concorde pourtant : « Il n'y a pas longtemps que
« M. de La Bruyère m'a fait l'honneur de me venir voir, mais
« je ne l'ai pas vu assez de tems pour le bien connoître. Il m'a
« paru que *ce n'étoit pas un grand parleur.* » (*Menagiana*,
tome III.)

« *de Maximilien*?) m'est venu voir à Auteuil et m'a
« lu quelque chose de son *Théophraste*. C'est un
« fort honnête homme à qui il ne manqueroit rien si
« la nature l'avoit fait aussi agréable qu'il a envie de
« l'être. Du reste, il a de l'esprit, du savoir et du
« mérite. » Nous reviendrons sur ce jugement de
Boileau. La Bruyère était déjà un peu à ses yeux un
homme des générations nouvelles, un de ceux en
qui volontiers l'on trouve que l'envie d'avoir de
l'esprit après nous, et autrement que nous, est plus
grande qu'il ne faudrait.

Ce même Saint-Simon, qui regrettait La Bruyère,
et qui avait plus d'une fois causé avec lui [1], nous
peint la maison de Condé et M. le Duc en particulier,
l'élève du philosophe, en des traits qui réfléchissent
sur l'existence intérieure de celui-ci. A propos de la
mort de M. le Duc, 1710, il nous dit avec ce feu qui
mêle tout, et qui fait tout voir à la fois : « Il étoit

---

[1] Une pensée inévitable naît de ce rapprochement : quand
La Bruyère et le duc de Saint-Simon causaient ensemble à Versailles dans l'embrasure d'une croisée, lequel des deux était le
peintre de son siècle? Ils l'étaient, certes, tous les deux, mais
l'un, le peintre alors avoué, et dont les portraits aujourd'hui sont
devenus un peu voilés et mystérieux ; l'autre, le peintre inconnu
alors et clandestin, et dont les portraits aujourd'hui manifestes
trahissent leurs originaux à nu.

« d'un jaune livide, l'air presque toujours furieux,
« mais en tout temps si fier, si audacieux, qu'on avoit
« peine à s'accoutumer à lui. Il avoit de l'esprit, de
« la lecture, des restes d'une excellente éducation
« (*je le crois bien*), de la politesse et des grâces
« même quand il vouloit, mais il vouloit très rare-
« ment..... Sa férocité étoit extrême, et se montroit
« en tout. C'étoit une meule toujours en l'air, qui
« faisoit fuir devant elle, et dont ses amis n'étoient
« jamais en sûreté, tantôt par des insultes extrêmes,
« tantôt par des plaisanteries cruelles en face, etc. »
A l'année 1697, il raconte comment, tenant les
États de Bourgogne à Dijon à la place de M. le Prince
son père, M. le Duc y donna un grand exemple de
l'amitié des princes et une bonne leçon à ceux qui
la recherchent. Ayant un soir, en effet, poussé Santeuil de vin de Champagne, il trouva plaisant de
verser sa tabatière de tabac d'Espagne dans un grand
verre de vin et le lui offrit à boire ; le pauvre *Théo-
das* si naïf, si ingénu, si bon convive et plein de
verve et de bons mots, mourut dans d'affreux vomis-
sements [1]. Tel était le petit-fils du grand Condé et

---

[1] Au tome second des *Œuvres choisies* de La Monnoie (page
296), on lit un récit détaillé de cette mort de Santeuil par La

l'élève de La Bruyère. Déjà le poëte Sarrasin était mort autrefois sous le bâton d'un Conti dont il était secrétaire. A la manière énergique dont Saint-Simon nous parle de cette race des Condés, on voit comment par degrés en elle le héros en viendra à n'être plus que quelque chose tenant du chasseur ou du sanglier. Du temps de La Bruyère, l'esprit y conservait une grande part ; car, comme dit encore Saint-Simon de Santeuil, « M. le Prince l'avoit presque « toujours à Chantilly quand il y alloit ; M. le Duc « le mettoit de toutes ses parties ; c'étoit de toute la « maison de Condé à qui l'aimoit le mieux, et des « assauts continuels avec lui de pièces d'esprit en « prose et en vers, et de toutes sortes d'amusements,

---

Monnoie, témoin presque oculaire ; rien n'y vient ouvertement à l'appui du dire de Saint-Simon : Santeuil s'était levé le 4 août, encore gai et bien portant ; il ne fut pris de ses atroces douleurs d'entrailles que sur les onze heures du matin ; il expira dans la nuit, vers une heure et demie. La Monnoie, qui devait dîner avec lui ce jour-là, le vint voir dans l'après-midi et le trouva moribond ; il causa même du malade avec M. le Duc qui témoigna s'y intéresser beaucoup. Après cela, les symptômes extraordinaires rapportés par La Monnoie, et les réponses peu nettes des médecins, aussi bien que le traitement employé, s'accorderaient assez avec le récit de Saint-Simon ; on conçoit que la chose ait été étouffée le plus possible. On se demande seulement si les effets de la tabatière avalée au souper de la veille ont bien pu retarder jusqu'au lendemain onze heures du matin ; c'est un cas de médecine légale que je laisse aux experts.

« de badinages et de plaisanteries » La Bruyère dut
tirer un fruit inappréciable , comme observateur,
d'être initié de près à cette famille si remarquable
alors par ce mélange d'heureux dons , d'urbanité
brillante , de férocité et de débauche [1]. Toutes ses
remarques sur les *héros* et les *enfants des Dieux*
naissent de là ; il y a toujours dissimulé l'amertume :
« Les Enfants des Dieux , pour ainsi dire , se tirent
« des règles de la nature et en sont comme l'excep-
« tion. Ils n'attendent presque rien du temps et des
« années. Le mérite chez eux devance l'âge. Ils naissent
« instruits , et ils sont plus tôt des hommes parfaits
« que le commun des hommes ne sort de l'enfance. »
Au chapitre des *Grands* , il s'est échappé à dire ce
qu'il avait dû penser si souvent : « L'avantage des
« Grands sur les autres hommes est immense par un

---

[1] La Bruyère descendait d'un ancien ligueur, très-fameux
dans les Mémoires du temps, et qui joua à Paris un des grands
rôles municipaux dans cette faction anti-bourbonienne; il est
piquant que le petit-fils, précepteur d'un Bourbon, ait pu étudier de si près la race. Notre moraliste dut songer, en souriant,
à cet aïeul qu'il ne nomme pas, un peu plus souvent qu'au Geof-
froi de La Bruyère des Croisades dont il plaisante. Voir dans la
Satyre Ménippée de Le Duchat les nombreux passages où il est
question de ces La Bruyère, père et fils (car ils étaient deux),
notamment au tome second, pages 67 et 539. Je me trompe fort,
ou de tels souvenirs domestiques furent un fait capital dans l'expérience secrète et la maturité du penseur.

« endroit : je leur cède leur bonne chère, leurs riches
« ameublements, leurs chiens, leurs chevaux, leurs
« singes, leurs nains, leurs fous et leurs flatteurs;
« mais je leur envie le bonheur d'avoir à leur service
« des gens qui les égalent par le cœur et par l'esprit,
« et qui les passent quelquefois . » Les réflexions
inévitables, que le scandale des mœurs princières
lui inspirait, n'étaient pas perdues, on peut le croire,
et ressortaient moyennant détour : « Il y a des mi-
« sères sur la terre qui saisissent le cœur : il manque
« à quelques-uns jusqu'aux aliments; ils redoutent
« l'hiver; ils appréhendent de vivre. L'on mange
« ailleurs des fruits précoces; l'on force la terre et
« les saisons, pour fournir à sa délicatesse. De simples
« bourgeois, seulement à cause qu'ils étoient riches,
« ont eu l'audace d'avaler en un seul morceau la
« nourriture de cent familles. Tienne qui pourra
« contre de si grandes extrémités, je me jette et me
« réfugie dans la médiocrité. » Les *simples bourgeois*
viennent là bien à propos pour endosser le reproche,
mais je ne répondrais pas que la pensée ne fût
écrite un soir en rentrant d'un de ces soupers de
demi-dieux, où M. le Duc *poussait de Champagne*
Santeuil.

La Bruyère, qui aimait la lecture des anciens, eut un jour l'idée de traduire Théophraste, et il pensa à glisser à la suite et à la faveur de sa traduction quelques-unes de ses propres réflexions sur les mœurs modernes. Cette traduction de Théophraste n'était-elle pour lui qu'un prétexte, ou fut-elle vraiment l'occasion déterminante et le premier dessein principal? On pencherait plutôt pour cette supposition moindre, en voyant la forme de l'édition dans laquelle parurent d'abord les *Caractères*, et combien Théophraste y occupe une grande place. La Bruyère était très-pénétré de cette idée, par laquelle il ouvre son premier chapitre, que *tout est dit et que l'on vient trop tard après plus de sept mille ans qu'il y a des hommes, et qui pensent.* Il se déclare de l'avis que nous avons vu de nos jours partagé par Courier, lire et relire sans cesse les anciens, les traduire si l'on peut, et les imiter quelquefois : « On ne sauroit en écrivant rencontrer le parfait, « et, s'il se peut, surpasser les anciens, que par leur « imitation. » Aux anciens, La Bruyère ajoute *les habiles d'entre les modernes* comme ayant enlevé à leurs successeurs tardifs le meilleur et le plus beau. C'est dans cette disposition qu'il commence à *glaner*, et chaque épi, chaque grain qu'il croit digne, il le range devant nous. La pensée du difficile, du mûr et du parfait l'occupe visiblement, et atteste avec gravité, dans chacune de ses paroles, l'heure solennelle du siècle où il écrit. Ce n'était plus l'heure des coups d'essai. Presque tous ceux qui avaient porté les grands coups vivaient. Molière était mort ; longtemps après Pascal, La Rochefoucauld avait disparu ; mais tous les autres restaient là rangés. Quels noms ! quel auditoire auguste, consommé, déjà un peu sombre de front, et un peu silencieux ! Dans son discours à l'Académie, La Bruyère lui-même les a énumérés en face ; il les avait passés en revue dans ses veilles bien des fois auparavant. Et ces Grands, rapides connaisseurs de l'esprit ! et Chantilly, *écueil des mauvais ouvrages !* et ce Roi, *retiré dans son balustre,* qui les domine tous ! quels juges, pour qui, sur la fin du grand tournoi, s'en vient aussi demander la gloire ! La Bruyère a tout prévu, et il ose. Il sait la mesure qu'il faut tenir et le point où il faut frapper. Modeste et sûr, il s'avance ; pas un effort en vain, pas un mot de perdu ! du premier coup, sa place qui ne le cède à aucune autre est gagnée. Ceux qui, par une certaine disposition trop rare de l'esprit et du cœur, *sont en état*, comme il dit, *de se livrer au plaisir que donne la perfection d'un ouvrage*, ceux-là éprouvent une émotion, d'eux seuls concevable, en ouvrant la petite édition in-12, d'un seul volume, année 1688, de trois cent soixante pages en fort gros caractères, desquelles Théophraste, avec le discours préliminaire, occupe cent quarante-neuf, et en songeant que, sauf les perfectionnements réels et nombreux que reçurent les éditions suivantes, tout La Bruyère est déjà là.

Plus tard, à partir de la troisième édition, La Bruyère ajouta successivement et beaucoup à chacun de ses seize chapitres. Des pensées qu'il avait peut-être gardées en portefeuille dans sa première circonspection, des ridicules que son livre même fit lever devant lui, des originaux qui d'eux-mêmes se livrèrent, enrichirent et accomplirent de mille façons le chef-d'œuvre. La première édition renferme surtout incomparablement moins de portraits que les suivantes. L'excitation et l'irritation de la publicité les fit naître sous la plume de l'auteur, qui avait principalement songé d'abord à des réflexions et remarques morales, s'appuyant même à ce sujet du titre de *Proverbes* donné au livre de Salomon. Les

Caractères ont singulièrement gagné aux additions ; mais on voit mieux quel fut le dessein naturel , l'origine simple du livre et , si j'ose dire, son accident heureux, dans cette première et plus courte forme.

En le faisant naître en 1644, La Bruyère avait quarante-trois ans en 87. Ses habitudes étaient prises, sa vie réglée; il n'y changea rien. La gloire soudaine qui lui vint ne l'éblouit pas ; il y avait songé de longue main, l'avait retournée en tout sens, et savait fort bien qu'il aurait pu ne point l'avoir et ne pas valoir moins pour cela. Il avait dit dès sa première édition : « Combien d'hommes ad- « mirables et qui avoient de très-beaux génies sont « morts sans qu'on en ait parlé! Combien vivent « encore dont on ne parle point et dont on ne par- « lera jamais! » Loué, attaqué, recherché, il se trouva seulement peut-être un peu moins heureux après qu'avant son succès, et regretta sans doute à certains jours d'avoir livré au public une si grande part de son secret. Les imitateurs qui lui survinrent de tous côtés, les abbés de Villiers, les abbés de Bellegarde (en attendant les Brillon, Alléaume et autres, qu'il ne connut pas et que les Hollandais ne

surent jamais bien distinguer de lui[1]), ces auteurs
nés copistes qui s'attachent à tout succès comme les
mouches aux mets délicats, ces *Trublets* d'alors,
durent par moments lui causer de l'impatience : on
a cru que son conseil à un auteur *né copiste* (chap.
des Ouvrages de l'Esprit), qui ne se trouvait pas
dans les premières éditions, s'adressait à cet honnête
abbé de Villiers. Reçu à l'Académie le 15 juin 1695,
époque où il y avait déjà eu en France sept éditions
des *Caractères*, La Bruyère mourut subitement d'a-
poplexie en 1696 et disparut ainsi en pleine gloire,
avant que les biographes et commentateurs eussent
avisé encore à l'approcher, à le saisir dans sa condition modeste et à noter ses réponses[2]. On lit dans la

---

[1] On lit dans les *Mémoires de Trévoux* (mars et avril 1701), à
propos des *Sentiments critiques sur les Caractères de M. de La
Bruyère* (1701) : « Depuis que les Caractères de M. de La Bruyère
« ont été donnés au public, outre les traductions en diverses lan-
« gues et les dix éditions qu'on en a faites en douze ans, il a paru
« plus de trente volumes à peu près dans ce style : *Ouvrage dans
« le goût des Caractères ; Théophraste moderne, ou nouveaux
« Caractères des Mœurs ; Suite des Caractères de Théophraste
« et des Mœurs de ce siècle ; les différents Caractères des
« Femmes du siècle ; Caractères tirés de l'Écriture sainte, et
« appliqués aux Mœurs du siècle ; Caractères naturels des
« Hommes en forme de dialogue ; Portraits sérieux et critiques ;
« Caractères des Vertus et des Vices.* Enfin tout le pays des
« Lettres a été inondé de Caractères.... »

[2] Il paraît qu'une première fois, en 1691, et sans le solliciter,
La Bruyère avait obtenu sept voix pour l'Académie par le bon

note manuscrite de la bibliothèque de l'Oratoire, citée par Adry, « que madame la marquise de Belle-« forière, de qui il étoit fort l'ami, pourroit donner « quelques mémoires sur sa vie et son caractère. » Cette madame de Belleforière n'a rien dit et n'a probablement pas été interrogée. Vieille en 1720, date de la note manuscrite, était-elle une de ces personnes dont La Bruyère, au chapitre *du Cœur*, devait avoir l'idée présente quand il disait : « Il y a « quelquefois dans le cours de la vie de si chers « plaisirs et de si tendres engagements que l'on nous « défend, qu'il est naturel de désirer du moins qu'ils « fussent permis : de si grands charmes ne peuvent « être surpassés que par celui de savoir y renoncer « par vertu. » Était-elle celle-là même qui lui faisait penser ce mot d'une délicatesse qui va à la grandeur ? « L'on peut être touché de certaines « beautés si parfaites et d'un mérite si éclatant,

office de Bussy, dont ainsi la chatouilleuse prudence, il est permis de le croire, prenait les devants et se mettait en mesure avec l'auteur des *Caractères*. On a le mot de remercîment que lui adressa La Bruyère (*Nouvelles Lettres* de Bussy-Rabutin, t. VII). C'est même la seule lettre qu'on ait de lui, avec un autre petit billet agréablement grondeur à Santeuil, imprimé sans aucun soin dans le *Santoliana*.

« que l'on se borne à les voir et à leur parler[1]. »

Il y a moyen, avec un peu de complaisance, de reconstruire et de rêver plus d'une sorte de vie cachée pour La Bruyère, d'après quelques-unes de ses pensées qui recèlent toute une destinée et, comme il semble, tout un roman enseveli. A la manière dont il parle de l'amitié, de ce *goût* qu'elle a et *auquel ne peuvent atteindre ceux qui sont nés médiocres*, on croirait qu'il a renoncé pour elle à l'amour ; et, à la façon dont il pose certaines questions ravissantes, on jurerait qu'il a eu assez l'expérience d'un grand amour pour devoir négliger l'amitié. Cette diversité de pensées accomplies, desquelles on pourrait tirer tour à tour plusieurs manières d'existence charmantes ou profondes, et qu'une seule personne n'a pu directement former de sa seule et propre expérience, s'explique d'un mot : Molière, sans être Alceste, ni Philinte, ni Orgon, ni Argan, est successivement tout cela ; La Bruyère, dans le cercle du moraliste, a ce don assez pareil, d'être successivement chaque cœur ;

---

[1] Cette dame a pu être Marie-Renée de Belleforière, fille du Grand-Veneur de France, ou encore Justine-Hélène de Bénin, fille du seigneur de Querevain, mariée à Jean-Maximilien-Ferdinand, seigneur de Belleforière (Voir Moréri). J'inclinerais pour la première.

il est du petit nombre de ces hommes qui ont tout su.

Molière, à l'étudier de près, ne fait pas ce qu'il prêche. Il représente les inconvénients, les passions, les ridicules, et dans sa vie il y tombe ; La Bruyère amais. Les petites inconséquences du *Tartufe*, il les a saisies, et son *Onuphre* est irréprochable[1] : de même pour sa conduite, il pense à tout et se conforme à ses maximes, à son expérience. Molière est poëte, entraîné, irrégulier, mélange de naïveté et de feu, et plus grand, plus aimable peut-être par ses contradictions mêmes ; La Bruyère est sage. Il ne se maria jamais : « Un homme libre, avait-il observé, « et qui n'a point de femme, s'il a quelque esprit, peut « s'élever au-dessus de sa fortune, se mêler dans le « monde et aller de pair avec les plus honnêtes gens. « Cela est moins facile à celui qui est engagé ; il « semble que le mariage met tout le monde dans son « ordre. » Ceux à qui ce calcul de célibat déplairait pour La Bruyère, peuvent supposer qu'il aima en lieu impossible et qu'il resta fidèle à un souvenir dans le renoncement.

---

[1] La Motte a dit : « Dans son tableau de *l'Hypocrite*, La « Bruyère commence toujours par effacer un trait du *Tartufe*, « et ensuite il en *recouche* un tout contraire. »

On a remarqué souvent combien la beauté humaine de son cœur se déclare énergiquement à travers la science inexorable de son esprit : « Il faut des « saisies de terre, des enlèvements de meubles, des « prisons et des supplices, je l'avoue ; mais justice, « lois et besoins à part, ce m'est une chose toujours « nouvelle de contempler avec quelle férocité les « hommes traitent les autres hommes. » Que de réformes, poursuivies depuis lors et non encore menées à fin, contient cette parole ! le cœur d'un Fénelon y palpite sous un accent plus contenu. La Bruyère s'étonne, comme d'une chose *toujours nouvelle*, de ce que madame de Sévigné trouvait tout simple, ou seulement un peu drôle : le XVIIIe siècle, qui s'étonnera de tant de choses, s'avance. Je ne fais que rappeler la page sublime sur les paysans : « Certains animaux « farouches, etc. (chap. *de l'Homme*). » On s'est accordé à reconnaître La Bruyère dans le portrait du philosophe qui, assis dans son cabinet et toujours accessible malgré ses études profondes, vous dit d'entrer, et que vous lui apportez quelque chose de plus précieux que l'or et l'argent, *si c'est une occasion de vous obliger.*

Il était religieux, et d'un spiritualisme fermement

raisonné, comme en fait foi son chapitre des *Esprits forts*, qui, venu le dernier, répond tout ensemble à une beauté secrète de composition, à une précaution ménagée d'avance contre des attaques qui n'ont pas manqué, et à une conviction profonde. La dialectique de ce chapitre est forte et sincère; mais l'auteur en avait besoin pour racheter plus d'un mot qui dénote le philosophe aisément dégagé du temps où il vit, pour appuyer surtout et couvrir ses attaques contre la fausse dévotion alors régnante. La Bruyère n'a pas déserté sur ce point l'héritage de Molière : il a continué cette guerre courageuse sur une scène bien plus resserrée (l'autre scène, d'ailleurs, n'eût plus été permise), mais avec des armes non moins vengeresses. Il a fait plus que de montrer au doigt le courtisan, *qui autrefois portait ses cheveux*, en perruque désormais, l'habit serré et le bas uni, parce qu'il est dévot; il a fait plus que de dénoncer à l'avance les représailles impies de la Régence, par le trait ineffaçable : *Un dévot est celui qui sous un roi athée seroit athée;* il a adressé à Louis XIV même ce conseil direct, à peine voilé en éloge :
« C'est une chose délicate à un prince religieux de
« réformer la cour et la rendre pieuse : instruit

« jusques où le courtisan veut lui plaire et aux dé-
« pens de quoi il feroit sa fortune, il le ménage avec
« prudence ; il tolère, il dissimule, de peur de le jeter
« dans l'hypocrisie ou le sacrilége ; il attend plus de
« Dieu et du temps que de son zèle et de son in-
« dustrie. »

Malgré ses dialogues sur le quiétisme, malgré
quelques mots qu'on regrette de lire sur la révoca-
tion de l'édit de Nantes, et quelque endroit favorable
à la magie, je serais tenté plutôt de soupçonner La
Bruyère de liberté d'esprit que du contraire. *Né chré-
tien et Français*, il se trouva plus d'une fois, comme
il dit, *contraint dans la satire ;* car, s'il songeait
surtout à Boileau en parlant ainsi, il devait par
contre-coup songer un peu à lui-même, et à ces
grands sujets qui lui étaient *défendus.* Il les sonde
d'un mot, mais il faut qu'aussitôt il s'en retire. Il
est de ces esprits qui auraient eu peu à faire
(s'ils ne l'ont pas fait) pour sortir sans effort et
sans étonnement de toutes les circonstances ac-
cidentelles qui restreignent la vue. C'est bien
moins d'après tel ou tel mot détaché, que d'après
l'habitude entière de son jugement, qu'il se laisse
voir ainsi. En beaucoup d'opinions comme en

style, il se rejoint assez aisément à Montaigne.

On doit lire sur La Bruyère trois morceaux essentiels, dont ce que je dis ici n'a nullement la prétention de dispenser. Le premier morceau en date est celui de l'abbé D'Olivet dans son *Histoire de l'Académie*. On y voit trace d'une manière de juger littérairement l'illustre auteur, qui devait être partagée de plus d'un esprit *classique* à la fin du XVIIe et au commencement du XVIIIe siècle : c'est le développement et, selon moi, l'éclaircissement du mot un peu obscur de Boileau à Racine. D'Olivet trouve à La Bruyère trop d'*art*, trop d'*esprit*, quelque abus de *métaphores :* « Quant au style précisément, M. de « La Bruyère ne doit pas être lu sans défiance, parce « qu'il a donné, mais pourtant avec une modération « qui, de nos jours, tiendroit lieu de mérite, dans « ce style affecté, guindé, entortillé, etc. » Nicole, dont La Bruyère a paru dire en un endroit *qu'il ne pensait pas assez* [1], devait trouver, en revanche, que le nouveau moraliste pensait trop, et se piquait trop vivement de raffiner la tâche. Nous reviendrons

---

[1] Toutes les anciennes *clefs* nomment en effet Nicole comme étant celui que désigne ce trait (*Des Ouvrages de l'Esprit*) : *Deux écrivains dans leurs ouvrages*, etc., etc.; mais il faut convenir qu'il se rapporterait beaucoup mieux à Balzac. — J'ai discuté ce point ailleurs (*Port-Royal*, tome II, p. 390.).

sur cela tout à l'heure. On regrette qu'à côté de ces jugements, qui, partant d'un homme de goût et d'autorité, ont leur prix, D'Olivet n'ait pas procuré plus de détails, au moins académiques, sur La Bruyère. La réception de La Bruyère à l'Académie, donna lieu à des querelles, dont lui-même nous a entretenus dans la préface de son discours et qui laissent à désirer quelques explications[1]. Si heureux d'emblée qu'eût été La Bruyère, il lui fallut, on le voit, soutenir sa lutte à son tour comme Corneille, comme Molière en leur temps, comme tous les vrais grands. Il est obligé d'alléguer son chapitre des *Esprits forts* et de supposer à l'ordre de ses matières un dessein religieux un peu subtil, pour mettre à couvert sa foi. Il est obligé de nier la réalité de ses portraits, de rejeter au visage des fabricateurs *ces insolentes clefs* comme ils les appelle : Martial avait

---

[1] Il fut reçu le même jour que l'abbé Bignon et par M. Charpentier, qui, en sa qualité de partisan des anciens, le mit lourdement au-dessous de Théophraste; la phrase, dite en face, est assez peu aimable : « Vos portraits ressemblent à de certaines « personnes, et souvent on les devine; les siens ne ressemblent « qu'à l'homme. Cela est cause que ses portraits ressembleront « toujours; mais il est à craindre que les vôtres ne perdent quel- « que chose de ce vif et de ce brillant qu'on y remarque, quand « on ne pourra plus les comparer *avec ceux sur qui vous les avez* « *tirés*. » On voit que, si La Bruyère *tirait* ses portraits, M. Charpentier *tirait* ses phrases, mais un peu différemment.

déjà dit excellemment : *Improbè facit qui in alieno libro ingeniosus est.* — « En vérité, je ne doute « point, s'écrie La Bruyère avec un accent d'orgueil « auquel l'outrage a forcé sa modestie, que le public « ne soit enfin étourdi et fatigué d'entendre depuis « quelques années de vieux corbeaux croasser autour « de ceux qui, d'un vol libre et d'une plume légère, « se sont élevés à quelque gloire par leurs écrits. » Quel est ce corbeau qui croassa, ce *Théobalde* qui bâilla si fort et si haut à la harangue de La Bruyère, et qui, avec quelques académiciens, faux confrères, ameuta les coteries et *le Mercure Galant*, lequel se vengeait (c'est tout simple) d'avoir été mis *immédiatement au-dessous de rien ?* [1] Benserade, à qui

[1] Voici un échantillon des aménités que *le Mercure* prodiguait à La Bruyère (Juin 1693) : « M. de La Bruyère a fait une traduction « des Caractères de Théophraste, et il y a joint un recueil de por- « traits satyriques, dont la plupart sont faux et les autres telle- « ment outrés, etc., etc. Ceux qui s'attachent à ce genre d'écrire « devroient être persuadés que la satyre fait souffrir la piété du « Roi, et faire réflexion que l'on n'a jamais ouï ce Monarque rien « dire de désobligeant à personne. (*Tout ceci et ce qui suit sent* « *quelque peu la dénonciation.*) La satyre n'étoit pas du goût de « Madame la Dauphine, et j'avois commencé une réponse aux « Caractères du vivant de cette princesse qu'elle avoit fort approu- « vée et qu'elle devoit prendre sous sa protection, parce qu'elle « repoussoit la médisance. L'ouvrage de M. de La Bruyère ne « peut être appelé livre que parce qu'il a une couverture et qu'il « est relié comme les autres livres. Ce n'est qu'un amas de pièces « détachées... Rien n'est plus aisé que de faire trois ou quatre

le signalement de *Théobalde* sied assez, était mort;
était-ce Boursault qui, sans appartenir à l'Académie,
avait pu se coaliser avec quelques-uns du dedans?
Était-ce le vieux Boyer [1] ou quelque autre de même
force? D'Olivet montre trop de discrétion là-dessus.
Les deux autres morceaux essentiels à lire sur La
Bruyère sont une notice exquise de Suard, écrite
en 1782, et un *Éloge* approfondi par Victorin

« pages d'un portrait qui ne demande point d'ordre.... Il n'y a
« pas lieu de croire qu'un pareil recueil qui choque les bonnes
« mœurs ait fait obtenir à M. de La Bruyère la place qu'il a dans
« l'Académie. Il a peint les autres dans son amas d'invectives,
« et dans le discours qu'il a prononcé il s'est peint lui-même...
« Fier de *sept* éditions que ses Portraits satyriques ont fait faire
« de son merveilleux ouvrage, il exagère son mérite..... » Et *le
Mercure* conclut, en remuant sottement sa propre injure, que
tout le monde a jugé du discours *qu'il étoit directement au-
dessous de rien*. Certes, l'exemple de telles injustices appliquées
aux plus délicats et aux plus fins modèles serait capable de consoler ceux qui ont, du moins, le culte du passé, de toutes les
grossièretés qu'eux-mêmes ils ont souvent à essuyer dans le
présent.

[1] Ce serait plutôt Boursault que Boyer; car je me rappelle que
Segrais a dit à propos des épigrammes de Boileau contre Boyer :
« Le pauvre M. Boyer n'a jamais offensé personne. » — Je m'étais
mis, comme on voit, fort en frais de conjectures, lorsque Trublet,
dans ses *Mémoires sur Fontenelle*, page 225, m'est venu donner
la clef de l'énigme et le nom des masques. Il paraît bien qu'il
s'agit en effet de Thomas Corneille et de Fontenelle, ligués avec
De Visé. Fontenelle était de l'Académie à cette date. Lui et son
oncle Thomas faisaient volontiers au dehors de la littérature de
feuilletons et écrivaient, comme on dirait, dans les *petits journaux*. On sait le mot de Boileau à propos de La Motte : « C'est
dommage qu'il ait été *s'encanailler* de ce petit Fontenelle. »

Fabre (1810). On apprend d'un morceau qui se
trouve dans *l'Esprit des Journaux* (février 1782),
et où l'auteur anonyme apprécie fort délicatement
lui-même la notice de Suard, que La Bruyère, déjà
moins lu et moins recherché au dire de D'Olivet,
n'avait pas été complétement mis à sa place par le
xviiie siècle ; Voltaire en avait parlé légèrement dans
le *Siècle de Louis XIV* : « Le marquis de Vauve-
« nargues, dit l'auteur anonyme (qui serait digne
« d'être Fontanes ou Garat), est presque le seul,
« de tous ceux qui ont parlé de La Bruyère, qui ait
« bien senti ce talent vraiment grand et original.
« Mais Vauvenargues lui-même n'a pas l'estime et
« l'autorité qui devraient appartenir à un écrivain
« qui participe à la fois de la sage étendue d'esprit de
« Locke, de la pensée originale de Montesquieu, de
« la verve de style de Pascal, mêlée au goût de la
« prose de Voltaire ; il n'a pu faire ni la réputation
« de La Bruyère ni la sienne. » Cinquante ans de
plus, en achevant de consacrer La Bruyère comme
génie, ont donné à Vauvenargues lui-même le vernis
des maîtres. La Bruyère, que le xviiie siècle était ainsi
lent à apprécier, avait avec ce siècle plus d'un point
de ressemblance qu'il faut suivre de plus près encore.

Dans ces diverses études charmantes ou fortes sur La Bruyère, comme celles de Suard et de Fabre, au milieu de mille sortes d'ingénieux éloges, un mot est lâché qui étonne, appliqué à un aussi grand écrivain du XVIIe siècle. Suard dit en propres termes que La Bruyère avait *plus d'imagination que de goût*. Fabre, après une analyse complète de ses mérites, conclut à le placer dans le si petit nombre des parfaits modèles de l'art d'écrire, *s'il montrait toujours autant de goût qu'il prodigue d'esprit et de talent*[1]. C'est la première fois qu'à propos d'un des maîtres du grand siècle on entend toucher cette corde délicate, et ceci tient à ce que La Bruyère, venu tard et innovant véritablement dans le style, penche déjà vers l'âge suivant. Il nous a tracé une courte histoire de la prose française en ces termes : « L'on « écrit régulièrement depuis vingt années; l'on est « esclave de la construction; l'on a enrichi la langue « de nouveaux tours, secoué le joug du latinisme, et « réduit le style à la phrase purement françoise; l'on

---

[1] Et M. de Feletz, bon juge et vif interprète des traditions pures, a écrit : « La Bruyère qui possède si bien sa langue, qui « la maîtrise, qui l'orne, qui l'enrichit, l'altère aussi quelquefois « et en viole les règles. » (*Jugements historiques et littéraires sur quelques Ecrivains...* 1840, page 250.)

« a presque retrouvé le nombre que Malherbe et
« Balzac avoient les premiers rencontré, et que tant
« d'auteurs depuis eux ont laissé perdre ; l'on a mis
« enfin dans le discours tout l'ordre et toute la netteté
« dont il est capable : cela conduit insensiblement à
« y mettre de l'esprit. » Cet esprit, que La Bruyère
ne trouvait pas assez avant lui dans le style, dont
Bussy, Pellisson, Fléchier, Bouhours, lui offraient
bien des exemples, mais sans assez de continuité, de
consistance ou d'originalité, il l'y voulut donc introduire. Après Pascal et La Rochefoucauld, il s'agissait pour lui d'avoir une grande, une délicate manière, et de ne pas leur ressembler. Boileau, comme
moraliste et comme critique, avait exprimé bien des
vérités en vers avec une certaine perfection. La
Bruyère voulut faire dans la prose quelque chose
d'analogue, et, comme il se le disait peut-être tout
bas, quelque chose de mieux et de plus fin. Il y a
nombre de pensées droites, justes, proverbiales, mais
trop aisément communes, dans Boileau, que La
Bruyère n'écrirait jamais et n'admettrait pas dans
son élite. Il devait trouver au fond de son âme que
c'était un peu trop de pur bon sens, et, sauf le vers
qui relève, aussi peu rare que bien des lignes de

Nicole. Chez lui tout devient plus détourné et plus neuf; c'est un repli de plus qu'il pénètre. Par exemple, au lieu de ce genre de sentences familières à l'auteur de l'*Art poétique* :

Ce que l'on conçoit bien s'énonce clairement, etc., etc.,

il nous dit, dans cet admirable chapitre des *Ouvrages de l'Esprit*, qui est son *art poétique* à lui et sa *rhétorique :* « Entre toutes les différentes « expressions qui peuvent rendre une seule de nos « pensées, il n'y en a qu'une qui soit la bonne : on « ne la rencontre pas toujours en parlant ou en écri- « vant; il est vrai néanmoins qu'elle existe, que tout « ce qui ne l'est point est foible et ne satisfait point « un homme d'esprit qui veut se faire entendre. » On sent combien la sagacité si vraie, si judicieuse encore, du second critique, enchérit pourtant sur la raison saine du premier. A l'appui de cette opinion, qui n'est pas récente, sur le caractère de novateur entrevu chez La Bruyère, je pourrais faire usage du jugement de Vigneul-Marville et de la querelle qu'il soutint avec Coste et Brillon à ce sujet : mais, le sentiment de ces hommes en matière de style ne signifiant rien, je m'en tiens à la phrase précédem-

ment citée de D'Olivet. Le goût changeait donc, et
La Bruyère y aidait *insensiblement*. Il était bientôt
temps que le siècle finît : la pensée de dire autrement, de varier et de rajeunir la forme, a pu naître
dans un grand esprit; elle deviendra bientôt chez
d'autres un tourment plein de saillies et d'étincelles.
Les *Lettres Persannes*, si bien annoncées et préparées par La Bruyère, ne tarderont pas à marquer la
seconde époque. La Bruyère n'a nul tourment encore
et n'éclate pas, mais il est déjà en quête d'un agrément neuf et du trait. Sur ce point il confine au
xviiie siècle plus qu'aucun grand écrivain de son
âge; Vauvenargues, à quelques égards, est plus du
xviie siècle que lui. Mais non...; La Bruyère en est
encore pleinement, de son siècle incomparable, en ce
qu'au milieu de tout ce travail contenu de nouveauté
et de rajeunissement, il ne manque jamais, au fond,
d'un certain goût simple.

Quoique ce soit l'homme et la société qu'il exprime
surtout, le pittoresque, chez La Bruyère, s'applique
déjà aux choses de la nature plus qu'il n'était ordinaire de son temps. Comme il nous dessine dans un
jour favorable la petite ville qui lui paraît *peinte sur
le penchant de la colline !* Comme il nous montre

gracieusement, dans sa comparaison du prince et du pasteur, le troupeau, répandu par la prairie, qui broute l'herbe *menue et tendre !* Mais il n'appartient qu'à lui d'avoir eu l'idée d'insérer au chapitre *du Cœur* les deux pensées que voici : « Il y a des lieux « que l'on admire ; il y en a d'autres qui touchent et « où l'on aimeroit à vivre. » — « Il me semble que l'on « dépend des lieux pour l'esprit, l'humeur, la pas-« sion, le goût et les sentiments. » Jean-Jacques et Bernardin de Saint-Pierre, avec leur amour des lieux, se chargeront de développer un jour toutes les nuances, closes et sommeillantes, pour ainsi dire, dans ce propos discret et charmant. Lamartine ne fera que traduire poétiquement le mot de La Bruyère, quand il s'écriera :

> Objets inanimés, avez-vous donc une âme
> Qui s'attache à notre âme et la force d'aimer ?

La Bruyère est plein de ces germes brillants.

Il a déjà l'art (bien supérieur à celui des *transitions* qu'exigeait trop directement Boileau) de composer un livre, sans en avoir l'air, par une sorte de lien caché, mais qui reparaît, d'endroits en endroits, inattendu. On croit au premier coup d'œil n'avoir affaire qu'à des fragments rangés les uns après les autres, et l'on marche dans un savant dédale où le fil ne cesse pas. Chaque pensée se corrige, se développe, s'éclaire, par les environnantes. Puis l'imprévu s'en mêle à tout moment, et, dans ce jeu continuel d'entrées en matière et de sorties, on est plus d'une fois enlevé à de soudaines hauteurs que le discours continu ne permettrait pas : *Ni les troubles, Zénobie, qui agitent votre empire*, etc. Un fragment de lettre ou de conversation, imaginé ou simplement encadré au chapitre *des Jugements : Il disoit que l'esprit dans cette belle personne étoit un diamant bien mis en œuvre*, etc., est lui-même un adorable joyau que tout le goût d'un André Chénier n'aurait pas *mis en œuvre* et en valeur plus artistement. Je dis André Chénier à dessein, malgré le disparate des genres et des noms ; et, chaque fois que j'en viens à ce passage de La Bruyère, le motif aimable

Elle a vécu, Myrto, la jeune Tarentine, etc.,

me revient en mémoire et se met à chanter en moi [1].

---

[1] M. de Barante, dans quelques pages élevées où il juge l'Éloge de La Bruyère par Fabre (*Mélanges littéraires*, tome II), a contesté cet artifice extrême du moraliste écrivain, que Fabre

Si l'on s'étonne maintenant que, touchant et inclinant par tant de points au xvɪɪɪᵉ siècle, La Bruyère
n'y ait pas été plus invoqué et célébré, il y a une
première réponse : c'est qu'il était trop sage, trop
désintéressé et reposé pour cela ; c'est qu'il s'était
trop appliqué à l'homme pris en général ou dans ses
variétés de toute espèce, et il parut un allié peu
actif, peu spécial, à ce siècle d'hostilité et de passion.
Et puis le piquant de certains portraits tout personnels
avait disparu. La mode s'était mêlée dans la gloire
du livre, et les modes passent. Fontenelle (*Cydias*)
ouvrit le xvɪɪɪᵉ siècle, en étant discret à bon droit
sur La Bruyère qui l'avait blessé ; Fontenelle, en
demeurant dans le salon cinquante ans de plus que
les autres, eut ainsi un long dernier mot sur bien
des ennemis de sa jeunesse. Voltaire, à Sceaux, aurait
pu questionner sur La Bruyère Malezieu, un des
familiers de la maison de Condé, un peu le collègue
de notre philosophe dans l'éducation de la duchesse
du Maine et de ses frères, et qui avait lu le manuscrit
des *Caractères* avant la publication ; mais Voltaire
ne paraît pas s'en être soucié. Il convenait à un

aussi avait présenté un peu fortement. Pour moi, en relisant les
Caractères, la rhétorique m'échappe, si l'on veut, mais j'y sens
de plus en plus la science de la Muse.

esprit calme et fin comme l'était Suard, de réparer
cette négligence injuste, avant qu'elle s'autorisât[1].
Aujourd'hui. La Bruyère n'est plus à remettre à
son rang. On se révolte, il est vrai, de temps à autre.
contre ces belles réputations simples et hautes, con-
quises à si peu de frais, ce semble; on en veut
secouer le joug ; mais, à chaque effort contre elles,
de près, on retrouve cette multitude de pensées ad-
mirables, concises, éternelles, comme autant de chaî-
nons indestructibles ; on y est repris de toutes parts
comme dans les divines mailles des filets de Vulcain.

La Bruyère fournirait à des choix piquants de
mots et de pensées qui se rapprocheraient avec
agrément de pensées presque pareilles de nos jours.
Il en a sur le cœur et les passions surtout qui rencontrent à l'improviste les analyses intérieures de
nos contemporains. J'avais noté un endroit où il
parle des jeunes gens, lesquels, à cause des passions
qui les amusent, dit-il, supportent mieux la solitude que les vieillards, et je rapprochais sa remarque
d'un mot de *Lélia* sur les promenades solitaires de

---

[1] On peut voir au tome II des Mémoires de Garat sur Suard ,
page 268 et suiv., avec quel à propos celui-ci cita et commenta un
jour le chapitre des *Grands* dans le salon de M. De Vaines.

Sténio. J'avais noté aussi sa plainte sur l'infirmité du cœur humain trop tôt consolé, qui manque *de sources inépuisables de douleur pour certaines pertes*, et je la rapprochais d'une plainte pareille dans *Atala*. La rêverie, enfin, à côté des personnes qu'on aime, apparaît dans tout son charme chez La Bruyère. Mais, bien que, d'après la remarque de Fabre, La Bruyère ait dit que *le choix des pensées est invention*, il faut convenir que cette invention est trop facile et trop séduisante avec lui pour qu'on s'y livre sans réserve. — En politique, il a de simples traits qui percent les époques et nous arrivent comme des flèches : « Ne penser qu'à soi et au présent, source d'erreur en politique. »

Il est principalement un point sur lequel les écrivains de notre temps ne sauraient trop méditer La Bruyère, et sinon l'imiter, du moins l'honorer et l'envier. Il a joui d'un grand bonheur et a fait preuve d'une grande sagesse : avec un talent immense, il n'a écrit que pour dire ce qu'il pensait; le mieux dans le moins, c'est sa devise. En parlant une fois de madame Guizot, nous avons indiqué de combien de pensées mémorables elle avait parsemé ses nombreux et obscurs articles, d'où il avait fallu qu'une main

pieuse, un œil ami, les allât discerner et détacher.
La Bruyère, né pour la perfection dans un siècle qui
la favorisait, n'a pas été obligé de semer ainsi ses
pensées dans des ouvrages de toutes les sortes et de
tous les instants ; mais plutôt il les a mises chacune
à part, en saillie, sous la face apparente, et comme
on piquerait sur une belle feuille blanche de riches
papillons étendus. « L'homme du meilleur esprit,
« dit-il, est inégal....; il entre en verve, mais il en
« sort : alors, s'il est sage, il parle peu, il n'écrit
« point... Chante-t-on avec un rhume? Ne faut-il
« pas attendre que la voix revienne? » C'est de cette
habitude, de cette nécessité de *chanter* avec toute
espèce de voix, d'avoir de la verve à toute heure,
que sont nés la plupart des défauts littéraires de
notre temps. Sous tant de formes gentilles, sémil-
lantes ou solennelles, allez au fond : la nécessité de
remplir des feuilles d'impression, de pousser à la
colonne ou au volume sans faire semblant, est là.
Il s'ensuit un développement démesuré du détail
qu'on saisit, qu'on brode, qu'on amplifie et qu'on
effile au passage, ne sachant si pareille occasion se
retrouvera. Je ne saurais dire combien il en résulte,
à mon sens, jusqu'au sein des plus grands talents,

dans les plus beaux poëmes, dans les plus belles
pages en prose, — oh! beaucoup de savoir-faire, de
facilité, de dextérité, de main-d'œuvre savante, si
l'on veut ; mais aussi ce je ne sais quoi que le commun des lecteurs ne distingue pas du reste, que
l'homme de goût lui-même peut laisser passer dans
la quantité s'il ne prend garde, — le simulacre et le
faux-semblant du talent, ce qu'on appelle *chique* en
peinture et qui est l'affaire d'un pouce encore habile
même alors que l'esprit demeure absent. Ce qu'il y
a de *chique* dans les plus belles productions du jour
est effrayant, et je ne l'ose dire ici que parce que,
parlant au général, l'application ne saurait tomber
sur aucun illustre en particulier. Il y a des endroits
où, en marchant dans l'œuvre, dans le poëme, dans
le roman, l'homme qui a le pied fait s'aperçoit qu'il
est sur le creux : ce creux ne rend pas l'écho le moins
sonore pour le vulgaire. Mais qu'ai-je dit? c'est
presque là un secret de procédé qu'il faudrait se
garder entre artistes pour ne pas décréditer le métier. L'heureux et sage La Bruyère n'était point tel
en son temps ; il traduisait à son loisir Théophraste
et produisait chaque pensée essentielle à son heure.
Il est vrai que ses mille écus de pension comme

homme de lettres de M. le Duc et le logement à
l'hôtel de Condé lui procuraient une condition à
l'aise qui n'a point d'analogue aujourd'hui. Quoi
qu'il en soit, et sans faire injure à nos mérites
laborieux, son premier petit in-12 devrait être
à demeure sur notre table, à nous tous écrivains
modernes, si abondants et si assujettis, pour nous
rappeler un peu à l'amour de la sobriété, à la proportion de la pensée au langage. Ce serait beaucoup déjà
que d'avoir regret de ne pouvoir faire ainsi.

Aujourd'hui que l'*Art poétique* de Boileau est
véritablement abrogé et n'a plus d'usage, la lecture
du chapitre des *Ouvrages de l'Esprit* serait encore,
chaque matin, pour les esprits critiques, ce que la
lecture d'un chapitre de l'*Imitation* est pour les
âmes tendres.

La Bruyère, après cela, a bien d'autres applica-
tions possibles par cette foule de pensées ingénieusement profondes sur l'homme et sur la vie. A qui
voudrait se réformer et se prémunir contre les
erreurs, les exagérations, les faux entraînements, il
faudrait, comme au premier jour de 1688, conseiller
le moraliste immortel. Par malheur, on n'arrive à le
goûter et on ne le découvre, pour ainsi dire, que

lorsqu'on est déjà soi-même au retour, plus capable
de voir le mal que de faire le bien, et ayant déjà
épuisé à faux bien des ardeurs et des entreprises.
C'est beaucoup néanmoins que de savoir se consoler
ou même se chagriner avec lui.

1er juillet 1856.

MADAME DE LA FAYETTE.

MADAME DE LA FAYETTE.

———⟨◇⟩———

Du temps de madame de Sévigné, à côté d'elle et
dans son intimité la plus chère, il y eut une femme
dont l'histoire se trouve presque confondue avec celle
de son aimable amie. C'est la même que Boileau dési-
gnait pour *la femme de France qui avait le plus
d'esprit et qui écrivait le mieux.* Cette personne
n'écrivit pourtant qu'assez peu, à son loisir, par amu-
sement, et avec une sorte de négligence qui n'avait

rien du métier; elle haïssait surtout d'écrire des
lettres, de sorte qu'on n'en a d'elle qu'un très-petit
nombre, et de courtes; c'est dans celles de madame
de Sévigné plutôt que dans les siennes qu'on la peut
connaître. Mais elle eut en son temps un rôle à part,
sérieux et délicat, solide et charmant, un rôle en
effet considérable, et dans son genre au niveau des
premiers. A un fonds de tendresse d'âme et d'imagination romanesque, elle joignait une exactitude naturelle, et, comme le disait sa spirituelle amie, une
divine raison qui ne lui fit jamais faute; elle l'eut
dans ses écrits comme dans sa vie, et c'est un des
modèles à étudier dans ce siècle où ils présentent tous
un si juste mélange. On a récemment cherché, en
réhabilitant l'hôtel de Rambouillet, à en montrer
l'héritière accomplie et triomphante dans la personne
de madame de Maintenon; un mot de Segrais tran-
cherait plutôt en faveur de madame de La Fayette
pour cette filiation directe où tout le précieux avait
disparu; après un portrait assez étendu de madame
de Rambouillet, il ajoute incontinent : « Madame de
« La Fayette avoit beaucoup appris d'elle, mais ma-
« dame de La Fayette avoit l'esprit plus solide, etc. »
Cette héritière perfectionnée de madame de Ram-

bouillet, cette amie de madame de Sévigné toujours, de madame de Maintenon longtemps, a son
rang et sa date assurée en notre littérature, en ce
qu'elle a réformé le roman, et qu'une part de cette
divine raison qui était en elle, elle l'appliqua à mé-
nager et à fixer un genre tendre où les excès avaient
été grands, et auquel elle n'eut qu'à toucher pour lui
faire trouver grâce auprès du goût sérieux qui semblait disposé à l'abolir. Dans ce genre secondaire où
la délicatesse et un certain intérêt suffisent, mais où
nul génie (s'il s'en rencontre) n'est de trop ; que
l'*Art poétique* ne mentionne pas, que Prévost, Le
Sage et Jean-Jacques consacreront ; et qui, du temps
de madame de La Fayette, confinait, du moins dans ses
parties élevées, aux parties attendrissantes de la *Béré-
nice* ou même de l'*Iphigénie*, madame de La Fayette
a fait exactement ce qu'en des genres plus estimés et
plus graves ses contemporains illustres s'étaient à
l'envi proposé. L'*Astrée*, en implantant, à vrai dire, le
roman en France, avait bientôt servi de souche à ces in-
terminables rejetons, *Cyrus*, *Cléopâtre*, *Polexandre*
et *Clélie*. Boileau y coupa court par ses railleries, non
moins qu'à cette lignée de poëmes épiques, le *Moïse
sauvé*, le *Saint Louis*, la *Pucelle* ; madame de La

Fayette, sans paraître railler, et comme venant à la suite et sous le couvert de ces devanciers que Segrais et Huet distinguaient mal d'elle et enveloppaient des mêmes louanges, leur porta coup plus que personne par *la Princesse de Clèves*. Et ce qu'elle fit, bien certainement elle s'en rendit compte et elle le voulait faire. Elle avait coutume de dire qu'une période retranchée d'un ouvrage valait un louis d'or, et un mot vingt sous : cette parole a toute valeur dans sa bouche, si l'on songe aux romans à dix volumes dont il fallait avant tout sortir. Proportion, sobriété, décence, moyens simples et de cœur substitués aux grandes catastrophes et aux grandes phrases, tels sont les traits de la réforme, ou, pour parler moins ambitieusement, de la retouche qu'elle fit du roman ; elle se montre bien du pur siècle de Louis XIV en cela.

La liaison si longue et si inviolable qu'eut madame de La Fayette avec M. de La Rochefoucauld fait ressembler sa vie elle-même à un roman, à un roman sage (roman toutefois), plus hors de règle que la vie de madame de Sévigné qui n'aime que sa fille, moins calculé et concerté que celle de madame de Maintenon qui ne vise qu'au sacrement avec le roi. On aime à y voir un cœur tendre s'alliant avec une raison amère et désabusée qu'il adoucit, une passion tardive, mais fidèle, entre deux âmes sérieuses, où la plus sensible corrige la misanthropie de l'autre; de la délicatesse, du sentiment, de la consolation réciproque, de la douceur, plutôt que de l'illusion et de la flamme; madame de Clèves, en un mot, maladive et légèrement attristée, à côté de M. de Nemours vieilli et auteur des *Maximes* : telle est la vie de madame de La Fayette et le rapport exact de sa personne à son roman. Ce peu d'illusion qu'on remarque en elle, cette raison mélancolique qui fait le fonds de sa vie, a passé un peu dans l'idéal de son roman même, et aussi, ce me semble, dans tous ces autres romans en quelque sorte émanés d'elle et qui sont sa postérité, dans *Eugène de Rothelin*, *Mademoiselle de Clermont*, *Edouard*. Quelle que soit la tendresse qui respire en ces créations heureuses, la raison y est, l'expérience humaine y souffle par quelque coin et attiédit la passion. A côté de l'âme aimante qui déjà s'abandonne, il y a aussitôt quelque chose qui avertit et qui retient; M. de La Rochefoucauld au fond est toujours là.

Si madame de La Fayette réforma le roman en France, le roman chevaleresque et sentimental,

et lui imprima cette nuance particulière qui con-
cilie jusqu'à un certain point l'idéal avec l'observation, on peut dire aussi qu'elle fonda la première
un exemple tout à fait illustre de ces attachements
durables, décents, légitimes et consacrés dans leur
constance[1], de tous les jours, de toutes les minutes pendant des années jusqu'à la mort; qui tenaient aux mœurs de l'ancienne société, qui sont
éteints à peu près avec elle, mais qui ne pouvaient
naître qu'après cette société établie et perfectionnée,
et elle ne le fut que vers ce temps-là. *La Princesse
de Clèves* et son attachement avec M. de La Rochefoucauld, ce sont deux titres presque égaux de madame de La Fayette à une renommée touchante et
sérieuse; ce sont deux endroits qui marquent la littérature et la société de Louis XIV.

J'aurais laissé pourtant le plaisir et la fantaisie de
recomposer cette existence, bien simple d'événements, aux lecteurs de madame de Sévigné, si un
petit document inédit, mais très-intime, ne m'avait
engagé à mettre la bordure pour l'encadrer.

Le père de madame de La Fayette, maréchal-de-

---

[1] *Exemplum caná simus uterque comá,* avait dit l'élégiaque
antique

camp et gouverneur du Havre, avait, dit-on, du mérite, et soigna fort l'éducation de sa fille. Sa mère (née de Péna) était de Provence, et comptait quelque troubadour-lauréat parmi ses aïeux. Mademoiselle Marie-Madeleine Pioche de La Vergne eut de bonne heure plus de lecture et d'étude que bien des personnes, même spirituelles, de la génération précédente, n'en avaient reçu. Madame de Choisy, par exemple, avait prodigieusement d'esprit naturel, en conversation ou par lettres, mais pas même d'orthographe. Madame de Sévigné, et madame de La Fayette, plus jeune de six ou sept ans que son amie, ajoutèrent donc à un fonds excellent une culture parfaite. On a pour témoignages directs de cette éducation les transports de Ménage, qui d'ordinaire, comme on sait, tombait amoureux de ses belles élèves. Il célébra, sous toutes les formes de vers latins, la beauté, les grâces, l'élégance du bien dire et du bien écrire de madame de La Fayette ou de mademoiselle de La Vergne, *Laverna*, comme il disait[1]. Plus tard, il lui présenta son ami le docte Huet, qui devint aussi pour elle un conseiller littéraire. Segrais,

---

[1] *Laverna* en latin signifie la déesse des voleurs; cela lui fit

qui, avec madame de Sévigné, suffit à faire connaître madame de La Fayette, nous dit : « Trois
« mois après que madame de La Fayette eut com-
« mencé d'apprendre le latin, elle en savoit déjà
« plus que M. Ménage et que le Père Rapin, ses maî-
« tres. En la faisant expliquer, ils eurent dispute
« ensemble touchant l'explication d'un passage, et ni
« l'un ni l'autre ne vouloit se rendre au sentiment
« de son compagnon : madame de La Fayette leur
« dit : « Vous n'y entendez rien ni l'un ni l'autre ; »
« en effet, elle leur dit la véritable explication de ce

faire toutes sortes de plaisanteries galantes; il put crier *au voleur ! au voleur !* comme Mascarille :

> Omine felici nomen præsaga dedere
> Fata tibi. Furtis pulcra Laverna præest.
> Tu veneres omnes cunctis formosa puellis,
> Tu cunctis sensus surripis una viris.

Il adresse aussi des vers à madame de Sévigné, à mademoiselle
de Scudery, à madame Scarron ; mais c'est bien madame de La
Fayette qui reste décidément sa beauté en titre. La jolie édition
elzévirienne de ses poésies (1663) offre ce nom à chaque page :
dizains, ballades, églogues, élégies, lui sont coup sur coup
adressés. J'y cherche quelque chose qui ne soit pas trop fade, et
je m'arrête à ce madrigal, qui peut-être ne me paraît un peu
plus senti que parce qu'il est en italien :

> In van, Filli, tu chiedi
> Se lungamente durerà l'ardore,
> Che 'l tuo bel guardo mi destò nel core.
> Chi lo potrebbe dire ?
> Incerta, ò Filli, è l'ora del morire.

« passage ; ils tombèrent d'accord qu'elle avoit rai-
« son. C'étoit un poëte qu'elle expliquoit, car elle
« n'aimoit pas la prose, et elle n'a pas lu Cicéron ;
« mais, comme elle se plaisoit fort à la poésie, elle
« lisoit particulièrement Virgile et Horace ; et,
« comme elle avoit l'esprit poétique et qu'elle savoit
« tout ce qui convenoit à cet art, elle pénétroit sans
« peine le sens de ces auteurs. » Un peu plus loin il
revient sur les mérites de M. Ménage : « Où trou-
« vera-t-on des poëtes comme M. Ménage, qui fas-
« sent de bons vers latins, de bons vers grecs et de
« bons vers italiens? C'étoit un grand personnage,
« quoi que ses envieux en aient voulu dire : il ne
« savoit pourtant pas toutes les finesses de la poésie ;
« mais madame de La Fayette les entendoit bien. »
La personne qui préférait à tout et sentait ainsi les
poëtes, était à la fois celle-là même qui se montrait
vraie par excellence, comme M. de La Rochefoucauld plus tard le lui dit, employant pour la première fois [1] cette expression qui est restée : esprit

---

[1] C'est par erreur qu'au tome 1er des *Critiques et Portraits*,
p. 43 (*seconde* édition), j'ai attribué à madame de Sévigné
d'avoir la première employé ce mot; elle l'appliqua maintefois
à son amie, à sa fille; on aurait pu le lui appliquer à elle-même;
mais il paraît bien que ce fut M. de La Rochefoucauld qui le dit
d'abord.

poétique, esprit vrai, son mérite comme son charme
est dans cette alliance. Avec cela, madame de La
Fayette avait grand soin (Segrais nous en avertit
encore) de ne faire rien paraître de sa science ni de
son latin, pour ne pas choquer les autres femmes.
Ménage nous apprend qu'elle répondit un jour à
M. Huyghens qui lui demandait ce que c'était qu'un
ïambe, *que c'était le contraire d'un trochée;* mais
il fallait M. Huyghens et sa question, croyez-le bien,
pour lui faire prendre ainsi la parole sur le trochée
et sur l'ïambe [1].

Elle avait perdu son père à quinze ans. Sa mère,
bonne personne, nous dit Retz, mais assez vaine et
fort empressée, s'était remariée, peu après, au chevalier Renaud de Sévigné, si mêlé aux intrigues de la
Fronde, et qui se montra des plus actifs à faire sauver
le cardinal du château de Nantes. On lit dans les

---

[1] Tallemant des Réaux, ce rapporteur ordinaire des mauvaises
paroles, en attribue une à mademoiselle de La Vergne sur son
maître Ménage : « Cet importun Ménage va venir tantôt. » Il la
rapporte au reste à bonne fin, et pour montrer que le pédant
galant n'était pas *du dernier bien* avec ses belles élèves. On n'a-
vait pas besoin de ce témoignage pour conclure que madame de
La Fayette ne se faisait aucune illusion sur les défauts du pauvre
Ménage, et je crains même qu'elle n'ait songé à lui, entre autres,
et à toutes ses platitudes, le jour où elle dit « qu'il étoit rare de
« trouver de la probité parmi les savants. »

Mémoires du cardinal, à propos de cette prison de
Nantes (1655) et des visites divertissantes qu'il y
recevait : « Madame de La Vergne, qui avóit épousé
en secondes noces M. le chevalier de Sévigné, et qui
demeuroit en Anjou avec son mari, m'y vint voir et
y amena mademoiselle sa fille, qui est présentement
madame de La Fayette. Elle étoit fort jolie et fort
aimable, et elle avoit de plus beaucoup d'air de
madame de Lesdiguières. Elle me plut beaucoup, et
la vérité est que je ne lui plus guère, soit qu'elle
n'eût pas d'inclination pour moi, soit que la défiance
que sa mère et son beau-père lui avoient donnée dès
Paris même, avec application, de mes inconstances
et de mes différentes amours, la missent en garde
contre moi. Je me consolai de sa cruauté avec la facilité qui m'étoit assez naturelle... » Mademoiselle
de La Vergne, âgée de vingt ans, n'eut besoin que
de sa raison pour tenir peu de compte au prisonnier
entreprenant de ce caprice désœuvré et banal, si vite
consolé.

Mariée en 1655 au comte de La Fayette, ce qu'il
y eut probablement de plus remarquable et de plus
d'accord avec l'imagination dans ce mariage, ce fut
qu'elle devint ainsi la belle-sœur de la Mère Angé-

lique de La Fayette, supérieure du couvent de Chaillot, autrefois fille d'honneur d'Anne d'Autriche, et
dont les parfaites amours avec Louis XIII composent
un roman chaste et simple, tout semblable à ceux
que représente madame de Clèves. Son mari, après
lui avoir donné le nom qu'elle allait illustrer et
qu'une si tendre lueur décorait déjà, s'efface et dis-
paraît de sa vie, pour ainsi dire ; on n'apprend plus
rien de lui qui le distingue [1]. Elle en eut deux fils
qu'elle aimait beaucoup, l'un militaire, dont l'éta-
blissement l'avait fort occupée, et qui mourut peu
de temps après elle, et un l'autre, l'abbé de La
Fayette, pourvu de bonnes abbayes, et dont on sait
surtout qu'il prêtait négligemment les manuscrits de
sa mère et les perdait.

Madame de La Fayette fut introduite jeune à l'hôtel de Rambouillet, et elle y apprit beaucoup de la
marquise. M. Rœderer, qui a intérêt à ce qu'aucune
des plaisanteries de Molière n'atteigne l'hôtel de
Rambouillet, le fait se dépeupler et finir un peu
plus tôt qu'il ne convient. Madame de La Fayette

---

[1] « Il y a telle femme qui anéantit ou qui enterre son mari au
point qu'il n'en est fait dans le monde aucune mention : vit-il
encore, ne vit-il plus? on en doute... » (La Bruyère, *des
Femmes.*)

eut le temps d'y aller, dès avant son mariage, et d'y
profiter, aussi bien que madame de Sévigné. M. Au-
ger, dans la notice, d'ailleurs exacte et intéressante,
mais sèche de ton, qu'il a donnée sur madame de La
Fayette, dit à ce propos : « Introduite de bonne heure
« dans la société de l'hôtel de Rambouillet, la justesse
« et la solidité naturelles de son esprit n'auraient
« peut-être pas résisté à la contagion du mauvais goût
« dont cet hôtel était le centre, si la lecture des poëtes
« latins ne lui eût offert un préservatif, etc., etc. »
Le préservatif eût bien dû agir sur Ménage tout le
premier. Cela est de plus injuste pour l'hôtel Rambouillet, et M. Rœderer a complétement raison contre
ces manières de dire. Mais il s'abuse lui-même assu-
rément quand il fait de cet hôtel le berceau légitime
du bon goût, quand il nous montre mademoiselle de
Scudery comme y étant plutôt tolérée qu'exaltée et
admirée. Il oublie que Voiture, tant qu'il vécut,
tint le dé en ce monde-là ; or, on sait, en fait
d'esprit, mais aussi en fait de goût, ce qu'était Voiture. Quant à mademoiselle de Scudery, il suffit de
lire Segrais, Huet et autres, pour voir quel cas on
faisait de cette incomparable fille, et de l'*illustre
Bassa*, et du *grand Cyrus*, et de ses vers *si natu-*

rels, si tendres, que dénigrait Despréaux, mais *où il ne saurait mordre;* et ce que Segrais et Huet admiraient en de pareils termes devait n'être pas jugé plus sévèrement dans un monde dont ils étaient comme les derniers oracles. Madame de La Fayette, qui avait l'esprit solide et fin, s'en tira à la manière de madame de Sévigné, en n'en prenant que le mieux. Par son âge, elle appartenait tout à fait à la jeune cour; et même avec moins de solidité dans l'esprit, elle n'aurait pas manqué d'en posséder encore les plus justes élégances. Dès les premiers temps de son mariage, elle avait eu l'occasion de voir fréquemment au couvent de Chaillot la jeune princesse d'Angleterre près de la reine Henriette, qui, alors en exil, s'y était retirée. Quand la jeune princesse fut devenue Madame et l'ornement le plus animé de la cour, madame de La Fayette, bien que de dix ans son aînée, garda l'ancienne familiarité avec elle, eut toujours ses entrées particulières et put passer pour sa favorite. Dans l'histoire charmante qu'elle a tracée des années brillantes de cette princesse, parlant d'elle-même à la troisième personne, elle se juge ainsi : « Mademoiselle de la Trimouille « et Madame de La Fayette étoient de ce nombre

« (*du nombre des personnes qui voyaient souvent*
« *Madame*). La première lui plaisoit par sa bonté
« et par une certaine ingénuité à conter tout ce
« qu'elle avoit dans le cœur, qui ressentoit la simpli-
« cité des premiers siècles ; l'autre lui avoit été agréa-
« ble par son bonheur ; car, bien qu'on lui trouvât
« du mérite, c'étoit une sorte de mérite si sérieux en
« apparence, qu'il ne sembloit pas qu'il dût plaire à
« une princesse aussi jeune que Madame. » A l'âge
d'environ trente ans, madame de La Fayette se trouvait donc au centre de cette politesse et de cette
galanterie des plus florissantes années de Louis XIV ;
elle était de toutes les parties de Madame à Fon-
tainebleau ou à Saint-Cloud ; spectatrice plutôt
qu'agissante ; n'ayant aucune part, comme elle
nous dit, à sa confidence sur de certaines affaires,
mais, quand elles étaient passées et un peu ébruitées,
les entendant de sa bouche, les écrivant pour lui
complaire : « Vous écrivez bien, lui disoit Madame,
« écrivez, je vous fournirai de bons mémoires. » —
« C'étoit un ouvrage assez difficile, avoue madame de
La Fayette, que de tourner la vérité en de certains
endroits d'une manière qui la fît connoître et qui ne
fût pas néanmoins offensante ni désagréable à la

princesse. » Un de ces endroits, entre autres, qui
aiguisaient toute la délicatesse de madame de La
Fayette et qui excitaient le badinage de Madame pour
la peine que l'aimable écrivain s'y donnait, devait
être, j'imagine, celui-ci : « Elle (*Madame*) se lia
« avec la comtesse de Soissons... et ne pen a plus
« qu'à plaire au roi comme belle-sœur; je crois
« qu'elle lui plut d'une autre manière, je crois aussi
« qu'elle pensa qu'il ne lui plaisoit que comme un
« beau-frère, quoiqu'il lui plût peut-être davantage ;
« mais enfin, comme ils étoient tous deux infiniment
« aimables, et tous deux nés avec des dispositions
« galantes, qu'ils se voyoient tous les jours au milieu
« des plaisirs et des divertissements, il parut aux
« yeux de tout le monde qu'ils avoient l'un pour
« l'autre cet agrément qui précède d'ordinaire les
« grandes passions. » Madame mourut dans les bras
de madame de La Fayette, qui ne la quitta pas à ses
derniers moments. Le récit qu'elle a fait de cette
mort, égale les beaux récits qu'on a des morts les
plus touchantes ; il s'y trouve en chemin de ces mots
simples et qui éclairent toute une scène : «.... Je
« montai chez elle. Elle me dit qu'elle étoit chagrine,
« et la mauvaise humeur dont elle parloit auroit fait

« les belles heures des autres femmes, tant elle avoit
« de douceur naturelle et tant elle étoit peu capable
« d'aigreur et de colère... Après le dîner, elle se cou-
« cha sur des carreaux... ; elle m'avoit fait mettre
« auprès d'elle, en sorte que sa tête étoit quasi sur
« moi... Pendant son sommeil elle changea si consi-
« dérablement, qu'après l'avoir longtemps regardée
« j'en fus surprise, et je pensai qu'il falloit que son
« esprit contribuât fort à parer son visage... J'avois
« tort néanmoins de faire cette réflexion, car je
« l'avois vue dormir plusieurs fois, et je ne l'avois
« pas vue moins aimable. » Et plus loin : « Monsieur
« étoit devant son lit ; elle l'embrassa, et lui dit
« avec une douceur et un air capable d'attendrir les
« cœurs les plus barbares : Hélas ! Monsieur, vous ne
« m'aimez plus, il y a longtemps ; mais cela est in-
« juste ; je ne vous ai jamais manqué. Monsieur
« parut fort touché, et tout ce qui étoit dans la
« chambre l'étoit tellement, qu'on n'entendoit plus
« que le bruit que font des personnes qui pleurent...
« Lorsque le roi fut sorti de la chambre, j'étois au-
« près de son lit ; elle me dit : Madame de La Fayette,
« mon nez s'est déjà retiré. Je ne lui répondis qu'avec
« des larmes..... Cependant elle diminuoit tou-

« jours... » Le 50 juin 1675, madame de La Fayette
écrivait à madame de Sévigné : « Il y a aujourd'hui
trois ans que je vis mourir Madame : je relus hier
plusieurs de ses lettres ; je suis toute pleine d'elle. »

Au milieu de ce monde galant et brillant, durant
dix années, madame de La Fayette jeune encore,
avec de la noblesse et de l'agrément de visage, sinon
de la beauté, n'était-elle donc qu'observatrice et
attentive, sans intérêt actif de cœur, autre que son
attachement pour Madame, sans choix singulier et
secret ? Vers l'année 1665, comme je conjecture, et
comme je l'expliquerai plus bas, elle avait choisi
hors de ce tourbillon pour ami de cœur M. de La
Rochefoucauld, âgé déjà de cinquante-deux ans[1].

Elle écrivit de bonne heure par goût, mais avec
sobriété toujours. C'était le temps des portraits :
Madame de La Fayette, vers 1659, en fit un de madame de Sévigné, qui est censé écrit par un inconnu :
« Il vaut mieux que moi, disait celle-ci en le re-
« trouvant dans de vieilles paperasses de madame de
« La Trémouille en 1675, mais ceux qui m'eussent

---

[1] Petitot, dans sa notice érudite sur madame de La Fayette
(*Collection des Mémoires relatifs à l'Histoire de France*, seconde série, tome LXIV), a fait commencer l'étroite liaison dix
ans trop tôt, à ce qu'il me semble.

« aimée il y a seize ans, l'auroient pu trouver res-
« semblant. » C'est toujours sous ces traits jeunes et
à jamais fixés par son amie, que madame de Sévigné
nous apparaît immortelle. Quand Madame, engageant
madame de La Fayette à se mettre à l'œuvre, lui
disait : *Vous écrivez bien*, elle avait lu sans doute
la Princesse de Montpensier, première petite nouvelle de notre auteur, qui fut imprimée dès 1660
ou 1662 [1]. Comme élégance et vivacité de récit, cela
se détachait des autres nouvelles et historiettes du
moment, et annonçait un esprit de justesse et de
réforme. L'imagination de madame de La Fayette,
en composant, se reportait volontiers à l'époque
brillante et polie des Valois, aux règnes de Charles IX
ou de Henri II, qu'elle idéalisait un peu et qu'elle
embellissait dans le sens où les gracieux et discrets
récits de la reine Marguerite nous les font entrevoir.
La Princesse de Montpensier, *la Princesse de
Clèves*, *la Comtesse de Tende*, ne sortent pas de
ces règnes, dont les vices et les crimes ont trop
éclipsé peut-être à nos yeux la spirituelle culture. La

---

[1] Le Dictionnaire de Moréri dit 1662, et Quérard 1660. Ce
qu'il y a de certain, c'est que la première édition publique, avec
privilége du roi, est de 1662, sans aucun nom d'auteur.

cour de Madame, pour l'esprit, pour les intrigues,
pour les vices aussi, n'était pas sans rapports avec
cette époque des Valois, et l'histoire qu'en a essayée
madame de La Fayette rappelle plus d'une fois les
Mémoires de cette reine si aimable en son temps,
qu'il ne faut pourtant pas croire toujours. Le perfide
Vardes et le fier M. de Guiches sont bien des figures
qui siéraient d'emblée à la cour de Henri II; et, à
cette cour de Madame, il ne manquait pas même de
chevalier de Lorraine. Madame de La Fayette avait
dans ce monde une sorte de rôle d'autorité, et exer-
çait pour le ton une critique sage. Deux mois avant
la malheureuse mort de Madame, madame de Montmorency écrivait à M. de Bussy en manière de plaisanterie (1er mai 1670) : « Madame de La Fayette,
« favorite de Madame, a eu la tête cassée par une
« corniche de cheminée qui n'a pas respecté une
« tête si brillante de la gloire que lui donnent les
« faveurs d'une si grande princesse. Avant ce mal-
« heur on a vu une lettre d'elle qu'elle a donnée au
« public pour se moquer de ce qu'on appelle les
« mots à la mode et dont l'usage ne vaut rien; je
« vous l'envoie. » Suit cette lettre qui est toute com-
posée du jargon amphigourique dont elle voulait cor-

riger le beau monde; c'est un amant jaloux qui écrit à sa maîtresse; Boileau en son genre n'eût pas mieux fait. Madame de La Fayette, à un degré radouci, était un peu le Despréaux de la politesse de cour. A la fin de cette même année 1670, parut *Zayde*, le premier ouvrage véritable de madame de La Fayette, car *la Princesse de Montpensier* n'était pas un ouvrage et n'avait d'ailleurs été remarquée dans le temps que d'assez peu de personnes. *Zayde* portait le nom de Segrais, et ce ne fut pas une pure fiction transparente. Le public crut aisément que Segrais était l'auteur. Bussy reçut le livre comme étant de Segrais, se disposa à le lire avec grand plaisir ; « car « Segrais, disait-il, ne peut rien écrire qui ne soit « joli ; » après l'avoir lu, il le critique et le loue toujours dans la même persuasion. Depuis lors il n'a pas manqué de personnes qui ont voulu maintenir à Segrais l'honneur de la paternité ou du moins une grande part. Adry, qui a donné une édition de *la Princesse de Clèves* (1807), en remettant et laissant la question dans le doute, semble incliner en faveur du poëte bel-esprit.

Mais le digne Adry, qui fait autorité comme bibliographe, a l'esprit un peu esclave de la lettre.

Segrais pourtant nous dit assez nettement, ce semble, dans les conversations et propos qu'on a recueillis de lui : « *la Princesse de Clèves* est de madame « de La Fayette.... *Zayde*, qui a paru sous mon « nom, est aussi d'elle. Il est vrai que j'y ai eu quel- « que part, mais seulement dans la disposition du « roman où les règles de l'art sont observées avec « grande exactitude. » Il est vrai de plus qu'à un autre moment Segrais dit : « Après que ma *Zayde* « fut imprimée, madame de La Fayette en fit relier « un exemplaire avec du papier blanc entre chaque « page, afin de la revoir tout de nouveau et d'y « faire des corrections, particulièrement sur le lan- « gage ; mais elle ne trouva rien à y corriger, même « en plusieurs années, et je ne pense pas que l'on y « puisse rien changer, même encore aujourd'hui. » Il est évident que Segrais, comme tant d'éditeurs de bonne foi, se laissait dire et rougissait un peu quand on lui parlait de *sa Zayde*. La confusion de l'auteur à l'éditeur est chose facile et insensible. Au moyen âge et même au xvie siècle, une phrase de latin copiée ou citée faisait autant partie de l'amour-propre de l'auteur qu'une pensée propre. S'il s'agit d'un roman ou d'un poëte qu'on a mis en circulation le premier, on est plus chatouilleux encore : ces parrains-là ne haïssent pas le soupçon malin et ne le démentent qu'à demi. Même sans cela, à force d'entendre unir son nom à la louange ou à la critique de l'œuvre, on l'adopte plus étroitement. On m'a, s'il m'en souvient, tant jeté à la tête Ronsard, que j'ai de la peine à ne pas dire *mon* Ronsard. On est flatté d'ailleurs d'avoir porté le premier une bonne nouvelle, et même une mauvaise. Le bon Adry, faute d'y entendre malice, s'embarrasse donc bien gratuitement de ce mot de Segrais, *ma Zayde*. Huet est assez formel à ce sujet dans ses *Origines de Caën ;* il l'est encore plus dans son *Commentaire* latin sur lui-même : « Des gens mal informés, y dit-il, ont pris pour une injure que j'aurois voulu causer à la renommée de Segrais ce que j'ai écrit dans *les Origines de Caën ;* mais je puis attester le fait sur la foi de mes propres yeux et d'après nombre de lettres de madame de La Fayette elle-même : car elle m'envoyoit chaque partie de cet ouvrage successivement, au fur et à mesure de la composition, et me les faisoit lire et revoir. » Enfin madame de La Fayette disait souvent à Huet qui avait mis en tête de *Zayde* son traité de *l'Origine des Romans :* « Savez-vous que nous avons marié nos enfants ensemble? »

Il est vrai qu'après tout, le genre de *Zayde* ne
diffère pas si notablement de celui des nouvelles de
Segrais, qu'on n'ait pu dans le temps prendre le
change. *Zayde* est encore dans l'ancien et pur genre
romanesque, quoiqu'elle en soit le plus fin joyau ;
et, si la réforme y commence, c'est uniquement dans
les détails et la suite du récit, dans la manière de
dire plutôt que dans la conception même. *Zayde*
tient en quelque sorte un milieu entre l'*Astrée* et les
romans de l'abbé Prévost, et fait la chaîne de l'une
aux autres. Ce sont également des passions extraordinaires et subites, des ressemblances incroyables de
visage, des méprises prolongées et pleines d'aventures, des résolutions formées sur un portrait ou un
bracelet entrevus. Ces amants malheureux quittent
la cour pour des déserts horribles, où ils ne man-
quent de rien ; ils passent les après-dînées dans les
bois, contant aux rochers leur martyre, et ils rentrent
dans les *galeries* de leurs maisons, où se voient
toutes sortes de peintures. Ils rencontrent à l'improviste sur le bord de la mer des princesses infortunées,
étendues et comme sans vie, qui sortent du naufrage
en habits magnifiques, et qui ne rouvrent languis-

samment les yeux que pour leur donner de l'amour.
Des naufrages, des déserts, des descentes par mer,
et des ravissements : c'est donc toujours plus ou
moins l'ancien roman d'Héliodore, celui de D'Urfé,
le genre romanesque espagnol, celui des nouvelles
de Cervantes. La nouveauté particulière à madame
de La Fayette consiste dans l'extrême finesse d'analyse; les sentiments tendres y sont démêlés dans
toute leur subtilité et leur confusion. Cette jalousie
d'Alphonse, qui parut si invraisemblable aux contemporains, et que Segrais nous dit avoir été dépeinte
sur le vrai, et en diminuant plutôt qu'en augmen-
tant, est poursuivie avec dextérité et clarté dans les
dernières nuances de son dérèglement et comme au
fond de son labyrinthe. Là se fait sentir le mérite ;
là l'observation, par endroits, se retrouve. Un beau
passage, et qui a pu être qualifié *admirable* par
D'Alembert, est celui où les deux amants, qui avaient
été séparés peu de mois auparavant sans savoir la
langue l'un de l'autre, se rencontrent inopinément,
et s'abordent en se parlant chacun dans la langue
qui n'est pas la leur, et qu'ils ont apprise dans l'intervalle, et puis s'arrêtent tout d'un coup en rougissant comme d'un mutuel aveu. Pour moi, j'en aime

des remarques de sentiment comme celle-ci, que madame de La Fayette n'écrivait certainement pas sans un secret retour sur elle-même : « Ah! dom Garcie, vous aviez raison : il n'y a de passions que celles qui nous frappent d'abord et qui nous surprennent; les autres ne sont que des liaisons où nous portons volontairement notre cœur. Les véritables inclinations nous l'arrachent malgré nous. »

Madame de La Fayette ne connut pas, je pense, ces passions qui nous arrachent avec violence de nous-mêmes, et elle apporta volontairement son cœur. Lorsqu'elle fit choix de M. de La Rochefoucauld pour se lier avec lui, j'ai dit qu'elle devait avoir trente-deux ou trente-trois ans à peu près, et lui cinquante-deux. Elle le voyait et le rencontrait depuis déjà longtemps sans doute, mais c'est de la liaison particulière que j'entends parler. On va voir par la lettre suivante (inédite jusqu'ici) [1], et qui est une des plus confiden-

---

[1] Résidu de Saint-Germain, paquet 4, n. 6. Bibliothèque du Roi. — J'ai déjà recommandé à M. de Monmerqué ce paquet qui lui convient si bien par une quantité de lettres de l'abbé de La Victoire, de la comtesse de Maure et de madame de Sablé. Mademoiselle, dans *la Princesse de Paphlagonie*, traçant des portraits de ces deux dames, a dit : « C'est de leur temps que l'écriture a été mise en usage. On n'écrivoit que les contrats de mariage; de lettres, on n'en entendoit pas parler. » Eh bien! bon nombre des lettres de ces dames, devancières de madame de Sévigné, sont là.

tielles qu'on puisse désirer, que vers le temps de la
publication des *Maximes* et lors de la première entrée du comte de Saint-Paul dans le monde, il était
bruit de cette liaison de madame de La Fayette et de
M. de La Rochefoucauld comme d'une chose assez
récemment établie. Or la publication des *Maximes*,
et l'entrée du comte de Saint-Paul dans le monde,
en la rapportant à l'âge de seize ou dix-sept ans,
concordent juste, et donnent l'année 1665 ou 1666.
Madame de La Fayette écrit cette lettre à madame de
Sablé, ancienne amie de M. de La Rochefoucauld,
la même qui eut tant de part à la confection des
Maximes, et qui, depuis quelque temps, s'était tout
à fait liée avec Port-Royal, par intention de réforme
et peur de la mort, à ce qu'il semble, plutôt que par
conversion bien entière : — « Ce lundi au soir. —
« Je ne pus hier répondre à votre billet, parce que
« j'avois du monde, et je crois que je n'y répondrai
« pas aujourd'hui, parce que je le trouve trop obli-
« geant. Je suis honteuse des louanges que vous me
« donnez, et d'un autre côté j'aime que vous ayez
« bonne opinion de moi, et je ne veux vous rien dire
« de contraire à ce que vous en pensez. Ainsi je ne
« vous répondrai qu'en vous disant que M. le comte

« de Saint-Paul sort de céans, et que nous avons
« parlé de vous, une heure durant, comme vous savez
« que j'en sais parler. Nous avons aussi parlé d'un
« homme que je prends toujours la liberté de mettre
« en comparaison avec vous pour l'agrément de
« l'esprit. Je ne sais si la comparaison vous offense,
« mais, quand elle vous offenseroit dans la bouche
« d'un autre, elle est une grande louange dans la
« mienne si tout ce qu'on dit est vrai. J'ai bien vu
« que M. le comte de Saint-Paul avait ouï parler de
« ces dits-là, et j'y suis un peu entrée avec lui. Mais
« j'ai peur qu'il n'ait pris tout sérieusement ce que
« je lui en ai dit. Je vous conjure, la première fois
« que vous le verrez, de lui parler de vous-même de
« ces bruits-là. Cela viendra aisément à propos, car
« je lui ai donné les *Maximes*, et il vous le dira
« sans doute. Mais je vous prie de lui en parler
« comme il faut, pour lui mettre dans la tête que
« ce n'est autre chose qu'une plaisanterie, et je ne
« suis pas assez assurée de ce que vous en pensez
« pour répondre que vous direz bien, et je pense
« qu'il faudroit commencer par persuader l'ambas-
« sadeur. Néanmoins il faut s'en fier à votre habi-
« leté, elle est au-dessus des maximes ordinaires;

« mais enfin persuadez-le. Je hais comme la mort
« que les gens de son âge puissent croire que j'ai des
« galanteries. Il leur semble qu'on leur paroît cent
« ans dès qu'on est plus vieille qu'eux, et ils sont
« tout propres à s'étonner qu'il soit encore question
« des gens ; et de plus il croiroit plus aisément ce
« qu'on lui diroit de M. de La Rochefoucauld que
« d'un autre. Enfin je ne veux pas qu'il en pense
« rien, sinon qu'il est de mes amis, et je vous prie
« de n'oublier non plus de lui ôter cela de la tête, si
« tant est qu'il l'ait, que j'ai oublié votre message.
« Cela n'est pas généreux de vous faire souvenir d'un
« service en vous en demandant un autre.

« (*En marge.*) — Je ne veux pas oublier de vous
« dire que j'ai trouvé terriblement de l'esprit au
« comte de Saint-Paul. »

Pour ajouter à l'intérêt de cette lettre, qu'on
veuille bien se rappeler la situation précise : M. de
Saint-Paul, fils de madame de Longueville et probablement aussi de M. de La Rochefoucauld, venant
voir madame de La Fayette, qui passe pour l'objet
d'une dernière passion tendre, et qui voudrait le
voir détrompé... ou trompé là-dessus. — Le *terriblement d'esprit* du jeune prince allait droit, je

pense, au cœur de madame de Longueville, à qui le post-scriptum au moins, et le reste aussi sans doute, fut bien vite montré. Ce mot charmant de la lettre, et que devraient méditer toutes les amours un peu tardives : « Je hais comme la mort que les gens de son âge puissent croire que j'ai des galanteries, » répond exactement à cette pensée de *la Princesse de Clèves :* « Madame de Clèves, qui étoit dans cet âge où l'on ne croit pas qu'une femme puisse être aimée quand elle a passé vingt-cinq ans, regardoit avec un extrême étonnement l'attachement que le roi avoit pour cette duchesse (de Valentinois). » Cette idée-là, comme on voit, était familière à madame de La Fayette. Elle craignait surtout de paraître inspirer ou sentir la passion à cet âge où d'autres l'affectent. Sa raison délicate devenait une dernière pudeur.

Je tiens d'autant plus à ce que la liaison intime et déclarée de M. de La Rochefoucauld et d'elle ne commence qu'à cette époque, qu'il me semble que l'influence sur lui de cette amie affectueuse est expressément contraire aux *Maximes ;* qu'elle les lui eût fait corriger et retrancher si elle l'avait environné avant comme depuis, et que le La Rochefoucauld misanthrope, celui qui disait qu'il n'avait trouvé de l'amour que dans les romans, et que, pour lui, il n'en avait jamais éprouvé, n'est pas celui dont elle disait plus tard : « M. de La Rochefoucauld m'a donné de l'esprit, mais j'ai réformé son cœur. »

Dans un petit billet de sa main (inédit) à madame de Sablé, qui avait elle-même composé des *Maximes*, je lis : « Vous me donneriez le plus grand chagrin du monde si vous ne me montriez pas vos *Maximes*. Madame Du Plessis m'a donné une curiosité étrange de les voir, et c'est justement parce qu'elles sont honnêtes et raisonnables que j'en ai envie, et qu'elles me persuaderont que toutes les personnes de bon sens ne sont pas si persuadées de la corruption générale que l'est M. de La Rochefoucauld. » C'est cette idée de corruption générale qu'elle s'attacha à combattre en M. de La Rochefoucauld et qu'elle rectifia. Le désir d'éclairer et d'adoucir ce noble esprit fut sans doute un appât de raison et de bienfaisance pour elle aux abords de la liaison étroite.

L'ancien chevalier de la Fronde, devenu amer et goutteux, n'était pas au reste ce qu'on pourrait se figurer d'après son livre seul. Il avait peu étudié, nous dit Segrais, mais son sens merveilleux et sa science du monde suppléaient à l'étude. Jeune, il

avait donné dans tous les vices de son temps et s'en
était retiré avec l'esprit plus sain que le corps, si
l'on pouvait appeler sain quelque chose d'aussi chagriné. Cela n'empêchait en rien la douceur de son
commerce et son agrément infini. Il était la bienséance parfaite, continue, et gagnait chaque jour à
être vu de plus près. Homme de la conversation particulière, un ton de plus ne lui allait pas. S'il lui
avait fallu parler devant cinq ou six personnes un peu
solennellement, la force lui aurait manqué, et la
harangue qui était d'usage pour l'Académie française,
l'en détourna. En juin 1672, quand, un soir, la mort
de M. de Longueville, celle du chevalier de Marsillac, son petit-fils, et la blessure du prince de Marsillac, son fils, quand toute cette *grêle* tomba sur
lui, nous dit madame de Sévigné, il fut admirable à
la fois de douleur et de fermeté : « J'ai vu son cœur
à découvert, ajoute-t-elle, en cette cruelle aventure;
il est au premier rang de ce que j'ai jamais vu de
courage, de mérite, de tendresse et de raison. » A
peu de distance de là, elle disait de lui encore qu'il
était *patriarche* et sentait presque aussi bien qu'elle
la tendresse maternelle. Voilà le La Rochefoucauld
réel, et tel que madame de La Fayette le réforma.

De 1666 à 1670, la santé de madame de La Fayette, qui n'était pas encore ce qu'elle devint bientôt après, et la faveur qu'elle possédait auprès de Madame, lui donnaient occasion et moyen d'aller assez souvent à la cour ; ce n'est guère qu'après la mort de Madame, et à l'époque aussi de cette diminution de santé de madame de La Fayette, que la liaison, telle que madame de Sévigné nous la montre, se régla complétement. Les lettres de l'incomparable amie, qui vont d'une manière ininterrompue précisément à partir de ce temps-là, permettent de suivre toutes les moindres circonstances et jusqu'à l'heureuse monotonie de cette habitude profonde et tendre : « Leur mauvaise santé, écrit-elle, les rendoit comme nécessaires l'un à l'autre, et... leur donnoit un loisir de goûter leurs bonnes qualités qui ne se rencontre pas dans les autres liaisons... A la cour, on n'a pas le loisir de s'aimer : ce tourbillon qui est si violent pour tous, étoit paisible pour eux et donnoit un grand espace au plaisir d'un commerce si délicieux. Je crois que nulle passion ne peut surpasser la force d'une telle liaison... » Je ne rapporterai pas tout ce qui se pourrait extraire de chaque lettre, pour ainsi dire, de madame de Sévigné ; car il y en a peu où madame

de La Fayette ne soit nommée, et plusieurs sont
écrites ou fermées chez elle, avec les compliments
tout vifs de M. de La Rochefoucauld *que voilà*. Aux
bons jours, aux jours de santé passable et de dîner
en *lavardinage* ou *bavardinage*, c'est un gracieux
enjouement, ce sont des roulades de gaietés mali-
cieuses sur cette folle de madame de Marans, sur les
manéges de madame de Brissac et de M. le Duc.
Il y a des jours plus sérieux et non moins délicieux, où, à Saint-Maur, dans cette maison que
M. le Prince avait prêtée à Gourville, et dont madame de La Fayette jouissait volontiers, on entendait en compagnie choisie la *Poétique* de Despréaux qu'on trouvait un chef-d'œuvre. Puis une
autre fois, en dépit de Despréaux et de sa *Poétique*,
on allait à Lulli, et, à de certains endroits de l'opéra
de *Cadmus*, on pleurait : « Je ne suis pas seule à
ne les pouvoir soutenir, disait madame de Sévigné ;
l'âme de madame de La Fayette en est tout alarmée. »
Comme cette âme *alarmée* est bien la délicatesse
même ! O Zayde, Zayde, on sent à vos alarmes la
tendresse romanesque qui n'est satisfaite qu'à demi
et qu'il ne faut pas trop réveiller ! — Il y a des jours
aussi où madame de La Fayette va encore faire une

petite visite à la cour, et le roi la place dans sa ca-
lèche avec les dames et lui montre les beautés de
Versailles comme ferait un simple particulier; et un
tel voyage, un tel succès, si sage qu'on soit, fournit
matière, au retour, à des conversations fort longues,
et même à des lettres moins courtes qu'à l'ordinaire
de la part de madame de La Fayette qui aime peu à
écrire; et madame de Grignan de loin est un peu jalouse; elle l'est encore à propos de quelque écritoire
de bois de Sainte-Lucie dont madame de Montespan
fait présent à madame de La Fayette [1]; mais madame
de Sévigné raccommode tout cela par les compliments et les douceurs qu'elle arrange et qu'elle
échange sans cesse entre sa fille et sa meilleure amie.
Même quand madame de La Fayette n'alla plus à
Versailles et n'embrassa plus en pleurant de reconnaissance les genoux du roi, même quand M. de La
Rochefoucauld fut mort, elle garda son crédit, sa

---

[1] Il ressort des lettres de madame de Sévigné que madame de
Grignan devait assez souvent lui répéter : « Voyez, voyez! votre
madame de La Fayette vous aime-t-elle donc si extraordinaire-
ment? elle ne vous écriroit pas deux lignes en dix ans, elle sait
faire ce qui l'accommode, elle garde ses aises et son repos, et,
du milieu de cette indolence, surveille très-bien de l'œil son
crédit. » Gourville, avec qui madame de La Fayette eut le tort
d'en user trop longtemps sans réserve, comme on fait d'un ami
sûr, a écrit d'elle quelque chose en ce sens, et plus malicieux.

considération : « Jamais femme sans sortir de sa
« place, nous dit madame de Sévigné, n'a fait de si
« bonnes affaires. » Louis XIV aima toujours en elle
la favorite de Madame, un témoin de cette mort
touchante et de ces belles années avec lesquelles elle
restait liée dans son souvenir, n'ayant plus guère
reparu à la cour depuis.

Mais Versailles, et la *Poétique* de Despréaux, et
l'opéra de Lulli, et les gaietés sur la Marans, sont
toujours vite interrompus par cette misérable santé
qui, avec sa fièvre tierce, ne permet pas qu'on l'oublie, et devient peu à peu l'occupation principale.
Dans son beau et vaste jardin de la rue de Vaugirard, si
verdoyant, si embaumé, dans la maison de Gourville
à Saint-Maur, où elle s'habitue en amie franche, à
Fleury-sous-Meudon, où elle va respirer l'air des
bois, on la suit malade, mélancolique; on voit cette
figure longue et sérieuse s'amaigrir et se dévorer.
Sa vie, durant vingt ans, se convertit en une petite
fièvre plus ou moins lente, et les bulletins reviennent
toujours à ceci : « Madame de La Fayette s'en va
demain à une petite maison auprès de Meudon où
elle a déjà été. Elle y passera quinze jours pour être
comme suspendue entre le ciel et la terre; elle ne

veut pas penser, ni parler, ni répondre, ni écouter ;
elle est fatiguée de dire bonjour et bonsoir; elle a
tous les jours la fièvre , et le repos la guérit; il lui
faut donc du repos; je l'irai voir quelquefois. M. de
La Rochefoucauld est dans cette chaise que vous con-
naissez : il est d'une tristesse incroyable , et l'on
comprend bien aisément ce qu'il a. » Ce qu'a sans
doute M. de La Rochefoucauld de pire que la goutte
et que ses maux ordinaires, c'est de manquer de madame de La Fayette.

La tristesse qu'un tel état nourrissait naturellement n'empêchait pas l'agrément et le sourire de
reparaître aux moindres intervalles. Dans les sobri-
quets de société qu'on se donnait, et qui faisaient de
madame Scarron *le Dégel*, de Colbert *le Nord*, de
M. de Pomponne *la Pluie*, madame de La Fayette
avait nom *le Brouillard :* le brouillard se levait
quelquefois, et l'on avait des horizons charmants.
Une raison douce, résignée, mélancolique, attachante
et détachée, reposée de ton , semée de mots justes et
frappants qu'on retenait , composait l'allure habituelle de sa conversation, de sa pensée. *C'est assez
que d'être*, disait-elle d'ordinaire, en acceptant son
état inactif. Ce mot, qui la peint tout entière , est

bien de celle qui disait aussi, à propos de Montaigne, qu'il y aurait plaisir à avoir un voisin comme lui[1].

Une sensibilité extrême et pleine de larmes reparaissait par instants tout à coup à travers cette raison continue, comme une source qui jaillit d'une terre unie. On l'a vue *tout alarmée* par l'émotion de la musique. Quand madame de Sévigné partait pour les Rochers ou pour la Provence, il ne fallait pas qu'elle lui fît ses adieux et que sa visite eût l'air d'être la dernière : la délicatesse de madame de La Fayette ne pouvait supporter le départ d'une telle amie. Un jour, on parlait devant elle, M. le Duc présent, de la campagne qui devait s'ouvrir dans cinq ou six mois; l'idée soudaine des dangers que M. le Duc aurait à courir alors lui tira aussitôt des larmes. Ces effusions avaient un charme plus grand et plus de prix, on le conçoit, dans une personne si judicieuse et avec un esprit si reposé.

Son attention, du sein de sa langueur, ne se portait pas moins sur les points essentiels; sans bouger

---

[1] Elle n'aurait pas dit la même chose de Malebranche, et, en digne amie de Huet, elle avouait à Ménage, sur *la Recherche de la Vérité*, qu'elle n'avait pu y rien comprendre. Cele, en effet, lui devait paraître à la fois trop dogmatique et trop alambiqué.

elle veillait à tout. Si elle réforma le cœur de M. de
La Rochefoucauld, elle répara aussi ses affaires. Elle
s'entendait bien aux procès , et l'empêcha de perdre
le plus beau de ses biens en lui fournissant les moyens
de prouver qu'ils étaient substitués. On conçoit avec
cela qu'elle écrivait peu de lettres, et seulement pour
le nécessaire. C'était son seul coin orageux avec madame de Sévigné. Le petit nombre de lettres de
madame de La Fayette sont presque toutes pour dire
qu'elle ne dira que deux mots , qu'elle dirait plus si
elle n'avait la migraine. On voit même reparaître un
jour M. de La Fayette en personne , qui arrive tout
exprès je ne sais d'où, comme motif d'excuse. Il suffit
de lire la jolie lettre : *Hé bien ! hé bien ! ma belle,*
qu'avez-vous à crier comme un aigle ? etc., etc.,
pour bien connaître le train de vie de madame de La
Fayette et saisir sa différence de ton d'avec madame
de Sévigné. On y lit ces mots souvent cités : « Vous
êtes en Provence, ma belle ; vos heures sont libres et
votre tête encore plus ; le goût d'écrire vous dure
encore pour tout le monde ; il m'est passé pour tout
le monde ; et si j'avois un amant qui voulût de mes
lettres tous les matins, je romprois avec lui. »

Madame de La Fayette était très-*vraie* et très-

franche; *il fallait la croire sur parole*[1] : « Elle
n'auroit pas donné le moindre titre à qui que ce fût,
si elle n'eût été persuadée qu'il le méritoit; et c'est
ce qui a fait dire à quelqu'un qu'elle étoit sèche, quoiqu'elle fût délicate [2]. » Madame de Maintenon, avec
qui madame de La Fayette avait eu liaison étroite,
était d'un esprit aussi merveilleusement droit, mais
d'un caractère moins franc; aussi judicieuse, mais
moins vraie; et cette différence dut contribuer à leur
refroidissement. En 1672, quand madame Scarron
élevait en secret les bâtards de Louis XIV, au bout
du faubourg Saint-Germain, près de Vaugirard, bien
au-delà de la maison de madame de La Fayette,
celle-ci était encore en liaison particulière avec elle;
elle recevait quelquefois de ses nouvelles ainsi que
madame de Coulanges; elles durent même la visiter
ensemble. Mais, la confidence de madame Scarron se
resserrant par degrés, il en résulta de ces paroles
rapportées et de ces conjectures qui déplaisent entre
amis : « L'idée d'entrer en religion ne m'est jamais
venue dans l'esprit, écrivait madame de Maintenon
à l'abbé Testu; rassurez donc madame de La Fayette. »

[1] Madame de Sévigné.
[2] Segraisiana.

Donnant à son frère des leçons d'économie, madame de Maintenon écrivait en 1678 : « J'aurois cinquante mille livres de rente que je n'aurois pas le train de grande dame, ni un lit galonné d'or comme madame de La Fayette, ni un valet de chambre comme madame de Coulanges. Le plaisir qu'elles en ont vaut-il les railleries qu'elles en essuient ? » Je ne sais si le lit galonné de madame de La Fayette prêtait beaucoup aux plaisanteries; mais, couchée là-dessus, comme il lui arrivait trop souvent, elle y était plus simple à coup sûr que son amie sous ce manteau couleur de *feuille morte* qu'elle affecte d'user jusqu'au bout. Enfin toute amitié cessa entre elles; madame de Maintenon le déclare : « Je n'ai pu conserver l'amitié de madame de La Fayette, elle en mettoit la continuation à trop haut prix. Je lui ai montré du moins que j'étois aussi sincère qu'elle. C'est le duc qui nous a brouillées. Nous l'avons été autrefois pour des bagatelles [1]. » Et dans les Mémoires de madame de La Fayette sur les années 1688 et 1689, à propos de la *comédie d'Esther*, on lit :

[1] Lettre à madame de Saint-Géran, août 1684. De quel *duc* s'agit-il? Est-ce du nouveau duc de La Rochefoucauld ? On voit, par une lettre de madame de Maintenon à la même, d'avril 1679, qu'elle ne pouvait souffrir les Marsillac, père et fils.

« Elle (madame de Maintenon), ordonna au poëte
de faire une comédie, mais de choisir un sujet
pieux : car, à l'heure qu'il est, hors de la piété point
de salut à la cour aussi bien que dans l'autre monde...
La comédie représentoit, en quelque sorte, la chute
de madame de Montespan et l'élévation de madame
de Maintenon ; toute la différence fut qu'Esther étoit
un peu plus jeune et moins précieuse en fait de piété. »
En citant ces paroles de deux femmes illustres, je ne
me plais pas à en faire ressortir l'aigreur qui gâta
une longue affection. En somme, madame de Maintenon et madame de La Fayette étaient deux puis-
sances trop considérables, et qui faisaient trop peu
de frais, pour ne pas se refroidir à l'égard l'une de
l'autre. Madame de Maintenon, en grandissant la
dernière, dut par degrés changer envers madame de
La Fayette qui resta la même ; c'est ce procédé uni-
forme que madame de Maintenon aurait peut-être
voulu voir changer un peu avec sa fortune [1]. Madame
de La Fayette mourante était celle encore dont ma-

[1] La Beaumelle, dans les *Mémoires* qui précèdent son édition
des Lettres de madame de Maintenon, suppose à madame de La
Fayette je ne sais quels torts de caractère et quelles prétentions
de vouloir remplacer madame de Sablé, qui éloignèrent d'elle
ses amis et rendirent sa maison déserte : on ne peut trancher
avec plus d'impertinence à l'encontre de tous les témoignages.

dame Scarron, écrivant à madame de Chantelou sur
sa présentation à madame de Montespan , avait dit
en 1666 : « Madame de Thianges me présenta à
sa sœur... Je peignis ma misère... sans me rava-
ler ;... enfin madame de La Fayette auroit été con-
tente du vrai de mes expressions et de la brièveté de
mon récit. » En fait de société aimable et polie,
unissant le sérieux et le vrai à la grâce, si j'avais été
de M. Rœderer, j'en aurais vu et placé le triomphe
le plus satisfaisant dans le cercle de mesdames de
Sévigné et de La Fayette, plutôt que dans l'élévation
et le mariage de madame de Maintenon. Celle-ci
nuisit en un sens à la société polie, comme certains
révolutionnaires ont nui à la liberté, en la poussant
trop loin et jusqu'aux excès qui appellent la réaction
contraire. Il fallait s'arrêter avant la pruderie, sous
peine de provoquer la Régence.

En juillet 1677, un an avant *la Princesse de
Clèves*, on voit que la santé de madame de La
Fayette semblait au pire, bien qu'elle dût encore
aller quinze ans à dépérir ainsi sans relâche, étant
*de celles qui traînent leur misérable vie jusqu'à
la dernière goutte d'huile* [1]. C'est pourtant dans

---

[1] Madame de Sévigné.

l'hiver qui suivit, que M. de La Rochefoucauld et elle s'occupèrent finalement de ce joli roman qui parut chez Barbin le 16 mars 1678 [1]. Segrais, que nous trouvons encore sur notre chemin, dit en un endroit, qu'il n'a pas pris la peine de répondre à la critique que l'on fit de ce roman [2]; et à un autre endroit, que madame de La Fayette a dédaigné d'y répondre; de sorte qu'il y aurait doute, si on le voulait, sur son degré de coopération. Mais, pour le coup, nous ne le discuterons pas, et ce roman est trop supérieur à tout ce qu'il a jamais écrit pour

---

[1] Dans une lettre de madame de Sévigné à sa fille (16 mars 1672), on lit: « Je suis au désespoir que vous ayez eu *Bajazet* par d'autres que par moi : c'est ce chien de Barbin qui me hait, parce que je ne fais pas des princesses de Clèves et de Montpensier. » Il en faut conclure que le roman de *la Princesse de Clèves* était déjà au moins en projet et en ébauche à cette première date, qu'il en avait été question dans la société intime de l'auteur, que mesdames de Sévigné et de Grignan en avaient peut-être entendu le commencement. Dans une lettre, je crois, de madame de Scudery à Bussy, on voit, d'ailleurs, que, pendant l'hiver qui précède la publication, M. de La Rochefoucauld et madame de La Fayette s'enferment et préparent quelque chose. La conciliation est simple : *la Princesse de Clèves* ébauchée sommeilla de 1672 à 1677, et alors seulement l'auteur s'y remit de concert avec M. La Rochefoucauld, pour l'achever.

[2] Il est remarquer qu'à l'endroit où on lui fait dire cela, dans le *Segraisiana*, on lui prête une erreur au sujet du roman qui aurait été le sien : il parle en effet de la rencontre de M. de Nemours et de madame de Clèves chez le joaillier, tandis que c'est M. de Clèves qui y rencontre celle qui doit être sa femme. On ne peut donc prendre ce propos, mal recueilli, pour une autorité.

permettre d'hésiter. Personne, au reste, ne s'y méprit cette fois ; les lectures confidentielles avaient fait bruit, et le livre fut bien reçu comme l'œuvre de la seule madame de La Fayette, aidée du goût de M. de La Rochefoucauld. Dès que cette *Princesse*, ainsi annoncée à l'avance, parut, elle fut l'objet de toutes les conversations et correspondances ; Bussy et madame de Sévigné s'en écrivaient ; on était partout sur le *qui-vive* à son propos ; on s'abordait dans la grande allée des Tuileries en s'en demandant des nouvelles. Fontenelle lut le roman quatre fois dans la nouveauté ; Boursault en tira une tragédie, comme à présent on en eût fait des vaudevilles. Valincourt écrivit très-*incognito* un petit volume de critique qu'on attribua au Père Bouhours, et un abbé de Charnes riposta par un autre petit volume qu'on supposa de Barbier d'Aucourt, critique célèbre d'alors et adversaire ordinaire du spirituel jésuite. *La Princesse de Clèves* a survécu à cette vogue qu'elle méritait, et est demeurée parmi nous le premier en date des plus aimables romans.

Il est touchant de penser dans quelle situation particulière naquirent ces êtres si charmants, si purs, ces personnages nobles et sans tache, ces sentiments

si frais, si accomplis, si tendres ; comme madame de
La Fayette mit là tout ce que son âme aimante et
poétique tenait en réserve de premiers rêves toujours
chéris, et comme M. de La Rochefoucauld se plut
sans doute à retrouver dans M. de Nemours cette
fleur brillante de chevalerie dont il avait trop més-
usé, et, en quelque sorte, un miroir embelli où re-
commençait sa jeunesse. Ainsi ces deux amis vieillis
remontaient par l'imagination à cette première beauté
de l'âge où ils ne s'étaient pas connus, et où ils n'a-
vaient pu s'aimer. Cette rougeur familière à madame
de Clèves, et qui d'abord est presque son seul langage, marque bien la pensée de l'auteur, qui est de
peindre l'amour dans tout ce qu'il a de plus frais
et de plus pudique, de plus adorable et de plus trou-
blant, de plus indécis et de plus irrésistible, de plus
lui-même en un mot. Il est question à tout moment
de *cette joie que donne la première jeunesse jointe
à la beauté*, de *cette sorte de trouble et d'embarras
dans toutes les actions, que cause l'amour dans
l'innocence de la première jeunesse*, enfin de tout
ce qui est le plus loin d'elle et de son ami, en leur
liaison tardive. Dans la teneur de la vie, elle était
surtout sensée ; elle avait le jugement au-dessus de

son esprit, lui disait-on, et cette louange la flattait
plus que le reste : ici, la poésie, la sensibilité intérieure, reprennent le dessus, quoique la raison ne
manque jamais. Nulle part, comme dans *la Princesse de Clèves*, les contradictions et les duplicités
délicates de l'amour n'ont été si naturellement expri-
mées : « Madame de Clèves avoit d'abord été fâchée
« que M. de Nemours eût eu lieu de croire que
« c'étoit lui qui l'avoit empêchée d'aller chez le ma-
« réchal de Saint-André : mais, ensuite, elle sentit
« quelque espèce de chagrin que sa mère lui en eût
« entièrement ôté l'opinion... » — « Madame de
« Clèves s'étoit bien doutée que ce prince s'étoit
« aperçu de la sensibilité qu'elle avoit eue pour lui ;
« et ses paroles lui firent voir qu'elle ne s'étoit pas
« trompée. Ce lui étoit une grande douleur de voir
« qu'elle n'étoit plus maîtresse de cacher ses senti-
« ments, et de les avoir laissés paroître au chevalier
« de Guise. Elle en avoit aussi beaucoup que M. de
« Nemours les connût ; mais cette dernière douleur
« n'étoit pas si entière, et elle étoit mêlée de quelque
« sorte de douceur. » — Les scènes y sont justes, bien
coupées, parlantes, en un ou deux cas seulement in-
vraisemblables, mais sauvées encore par l'à-propos de

l'intérêt et un certain air de négligence. Les épisodes n'éloignent jamais trop du progrès de l'action, et y aident quelquefois. La plus invraisemblable circonstance, celle du pavillon, quand M. de Nemours arrive singulièrement à temps pour entendre derrière une palissade l'aveu fait à M. de Clèves, cette scène que Bussy et Valincourt relèvent, faisait pourtant fondre en larmes, au dire de ce dernier, ceux même qui n'avaient pleuré qu'une fois à *Iphigénie*. Pour nous, que ces invraisemblances choquent peu, et qui aimons de *la Princesse de Clèves* jusqu'à sa couleur un peu passée, ce qui nous charme encore, c'est la modération des peintures qui touchent si à point, c'est cette manière partout si discrète et qui donne à rêver : quelques saules le long d'un ruisseau quand l'amant s'y promène ; pour toute description de la beauté de l'amante, *ses cheveux confusément rattachés ;* plus loin, *des yeux* UN PEU *grossis par des larmes*, et pour dernier trait, *cette vie qui fut* ASSEZ *courte*, impression finale elle-même ménagée. La langue en est également délicieuse, exquise de choix, avec des négligences et des irrégularités qui ont leur grâce, et que Valincourt n'a notées en détail qu'en les supposant dénoncées par un gram-

mairien de sa connaissance, et avec une sorte de
honte d'en faire un reproche trop direct à l'aimable
auteur. Je n'y distingue que deux locutions qui ont
vieilli : « Le roi ne survécut guère *le* prince son fils; »
et : « Milord Courtenay étoit aussi aimé de la reine
Marie, qui l'auroit épousé du consentement de toute
l'Angleterre, *sans qu'elle connut* que la jeunesse et
la beauté de sa sœur Élisabeth le touchoient davantage que l'espérance de régner ; » pour, *si ce n'est
qu'elle connut*, etc.; cette dernière locution revient
plusieurs fois.

Le petit volume de Valincourt, qu'Adry a réim-
primé dans son édition de *la Princesse de Clèves*,
est un échantillon distingué de la critique polie, telle
que les amateurs de goût se la permettaient sous
Louis XIV. Valincourt n'avait alors que vingt-cinq
ans; il aimait peu le monde de Huet, de Segrais; il
arrivait plus tard, et représente au net les jugements
de Racine et de Boileau. Sa malice, qui se tempère
toujours, n'empêche pas en lui l'équité, et qu'il ne
fasse la part à la louange; il n'a pas évité pourtant
la minutie et la chicane du détail. Ceux qui attri-
buaient la critique au Père Bouhours avaient droit de
trouver plaisant que le censeur reprochât à la pre-

mière rencontre de M. de Clèves et de mademoiselle
de Chartres d'avoir lieu dans une boutique de joaillier plutôt que dans une église. Quoi qu'il en soit,
l'ensemble atteste un esprit exact et fin, décemment
ironique, et tel que Fontanes l'aurait pu consulter
avec plaisir et profit avant de critiquer madame de
Staël. L'abbé de Charnes, qui reprend cette critique
mot à mot pour la réfuter avec injure, m'a tout l'air
d'un provincial qui n'avait pas demandé à madame
de La Fayette la permission de la défendre; Barbier
d'Aucourt, sans avoir rien de bien attique, s'en
fût tiré autrement. On peut voir dans Valincourt une
théorie complète du roman historique très-bien expo-
sée par un savant qu'il introduit, et cette théorie n'est
autre que celle que Walter Scott a en partie réalisée.

Bussy, qui, dans ses lettres à madame de Sévigné,
parle assez longuement de *la Princesse de Clèves*,
ajoute avec cette incroyable fatuité qui gâtait tout :
« Notre critique est de gens de qualité qui ont de
« l'esprit : celle qui est imprimée est plus exacte et
« plaisante en beaucoup d'endroits. » Pour venger
madame de La Fayette de quelques malignités de
cet avantageux personnage, il suffit de citer de lui ce
trait-là.

En avançant dans la composition de *la Princesse
de Clèves*, les pensées de madame de La Fayette,
après ce premier essor vers la jeunesse et ses joies,
redeviennent graves; l'idée du devoir augmente et
l'emporte. L'austérité de la fin sent bien *cette vue
si longue et si prochaine de la mort, qui fait paraître les choses de cette vie de cet œil si différent*[1]
dont on les voit en santé. Dès l'été de 1677, elle
avait elle-même éprouvé cela, et, comme l'indique
madame de Sévigné, tourné son âme à finir. Le désabusement de toutes choses se montre dans cette
crainte qu'elle prête à madame de Clèves, que le mariage ne soit le tombeau de l'amour du prince, et
n'ouvre la porte aux jalousies : cette crainte, en effet,
autant que le scrupule du devoir, s'oppose dans l'esprit de madame de Clèves au mariage avec l'amant.
En achevant leur roman idéal, il est clair que les
deux amis, que M. de La Rochefoucaud et elle, en
venaient à douter de ce qu'il y aurait eu de félicité
imaginable pour leurs chers personnages, et qu'ils se
reprenaient encore à leur douce liaison réelle comme
au bien le plus consolant et le plus sûr.

[1] Valincourt remarque avec raison qu'il faudrait : *de celui
dont.*

Ils n'en jouirent plus longtemps. Dans la nuit
du 16 au 17 mars 1680, deux ans jour pour jour
après la publication de *la Princesse de Clèves*,
M. de La Rochefoucauld mourut : « J'ai la tête si
« pleine de ce malheur et de l'extrême affliction de
« notre pauvre amie, écrit madame de Sévigné,
« qu'il faut que je vous en parle... M. de Marsillac
« est dans une affliction qui ne peut se représenter ;
« cependant, ma fille, il retrouvera le roi et la cour ;
« toute sa famille se retrouvera à sa place ; mais où
« madame de La Fayette retrouvera-t-elle un tel
« ami, une telle société, une pareille douceur, un
« agrément, une confiance, une considération pour
« elle et pour son fils ? Elle est infirme, elle est tou-
« jours dans sa chambre, elle ne court point les rues.
« M. de La Rochefoucauld étoit sédentaire aussi :
« cet état les rendoit nécessaires l'un à l'autre, et
« rien ne pouvoit être comparé à la confiance et aux
« charmes de leur amitié. Songez-y, ma fille, vous
« trouverez qu'il est impossible de faire une perte
« plus considérable et dont le temps puisse moins
« consoler. Je n'ai pas quitté cette pauvre amie tous
« ces jours-ci ; elle n'alloit point faire la presse
« parmi cette famille, en sorte qu'elle avoit besoin

« qu'on eût pitié d'elle. Madame de Coulanges a très-
« bien fait aussi, et nous continuerons quelque temps
« encore... » Et dans chacune des lettres suivantes :
« La pauvre madame de La Fayette ne sait plus que
« faire d'elle-même... Tout se consolera hormis elle. »
C'est ce que madame de Sévigné répète en cent façons plus expressives les unes que les autres : « Cette
pauvre femme ne peut *serrer la file* d'une manière
à remplir cette place. » Madame de La Fayette ne
chercha pas à la remplir ; elle savait que rien ne
répare de telles ruines. Même cette amitié si tendre
avec madame de Sévigné ne suffisait pas, elle le sentait bien : il y avait trop de partage. Pour se con-
vaincre de l'insuffisance de telles amitiés, même des
meilleures et des plus chères, qu'on lise la lettre de
madame de La Fayette à madame de Sévigné du 8
octobre 1689, si parfaite, si impérieuse et si sans
façon à force de tendresse, et qu'on lise ensuite le
commentaire qu'en fait madame de Sévigné écrivant
à sa fille : « Mon Dieu ! la belle proposition de n'être
plus chez moi, d'être dépendante, de n'avoir point
d'équipage et de devoir mille écus ! » et l'on com-
prendra combien il ne faut pas tout redemander à ces
amitiés qui ne sont point uniques et sans partage,

5

puisque les plus délicates jugent ainsi. Après l'amour, après l'amitié absolue, sans arrière-pensée ni retour ailleurs, tout entière occupée et pénétrée, et *la même* que nous, il n'y a que la mort ou Dieu.

Madame de La Fayette vécut treize années encore : on peut s'enquérir chez madame de Sévigné des légers détails de sa vie extérieure durant ces années désertes. Une vive entrée en liaison avec la jeune madame de Schomberg donna quelque éveil curieux et jaloux aux autres amies plus anciennes : on ne voit pas que cet effort d'une âme qui semblait se reprendre à quelque chose ait duré. C'est peut-être par l'effet du même besoin inquiet, que, dès les premiers mois de sa perte, elle fit augmenter encore, du côté du jardin, son appartement déjà si vaste, à mesure hélas ! que son existence diminuait. Il paraît aussi que pour remplir les heures, madame de La Fayette se laissa aller à plusieurs écrits, dont quelques-uns ont pu être égarés. *La Comtesse de Tende* doit dater de ces années-là. Le plus fort de la critique de Bussy et du monde en général, au sujet de *la Princesse de Clèves*, avait porté sur l'aveu extraordinaire que l'héroïne fait à son mari. Madame de La Fayette, en inventant une nouvelle situation analogue, qui amenât un aveu plus extraordinaire encore, pensa que la première en serait d'autant justifiée. Elle réussit dans *la Comtesse de Tende*, bien qu'avec moins de développement qu'il n'eût fallu pour que *la Princesse de Clèves* eût une sœur comparable à elle : on sent que l'auteur a son but et qu'il y court. Les *Mémoires de la Cour de France* pour les années 1688 et 1689 se font remarquer par la suite, la précision et le dégagé du récit : aucune divagation, presque aucune réflexion ; un narré vif, empressé, attentif ; une intelligence continuelle. L'auteur d'un tel écrit était, certes, un esprit capable d'affaires positives. J'ai cité le mot assez piquant sur madame de Maintenon à propos d'*Esther*. Racine, par contre-coup, y est un peu légèrement traité avec sa *comédie de couvent :* « Madame de Maintenon, pour « divertir ses petites filles et le roi, fit faire une « comédie par Racine, le meilleur poëte du temps, « que l'on a tiré de sa poésie où il est inimitable, « pour en faire à son malheur et celui de ceux qui « ont le goût du théâtre, un historien très-imitable. » Madame de La Fayette avait été d'un monde qui préféra longtemps Corneille à Racine ; elle avait aimé et pratiqué dans *Zayde* ce genre espagnol, si cher à

l'auteur du *Cid*, et que Racine et Boileau avaient
tué. Elle voyait Fontenelle, elle comptait pour amis
particuliers des hommes comme Segrais, Huet, qui
avaient des antipathies et même des haines [1] contre
ces deux poëtes régnants. M. de La Rochefoucauld,
qui les goûtait l'un et l'autre comme écrivains, ne
leur trouvait qu'une seule sorte d'esprit et les jugeait
pauvres d'entretien hors de leurs vers. Valincourt
enfin, qui avait attaqué *la Princesse de Clèves*, était
l'élève, l'ami intime de tous deux. Après cela, madame de La Fayette avait trop d'esprit et d'équité
pour ne pas admirer dignement des auteurs dont la
tendresse ou la justesse trouvait en elle des cordes si
préparées. Au moment où elle révère le moins Racine, elle l'appelle encore le *meilleur poëte* et *inimitable*. On a vu qu'elle écoutait chez Gourville,
c'est-à-dire chez elle, la *Poétique* de Boileau. Elle
avait, nous l'avons dit, avec Boileau plus d'un rapport de droiture d'esprit et de critique irréfragable,
et était à sa manière un oracle de bon sens dans son
beau monde. Les mots à la Despréaux qu'on a retenus
d'elle sont nombreux : nous en avons cité beaucoup,

---

[1] Voir Huet sur Boileau dans ses *Mémoires* latins.

auxquels il faut en ajouter encore; par exemple :
« Celui qui se met au-dessus des autres, quelque
« esprit qu'il ait, se met au-dessous de son esprit. »
Boileau, causant un jour avec D'Olivet, disait : « Sa-
« vez-vous pourquoi les anciens ont si peu d'admi-
« rateurs? c'est parce que les trois quarts tout au
« moins de ceux qui les ont traduits, étoient des
« ignorants ou des sots. Madame de La Fayette, la
« femme de France qui avoit le plus d'esprit et qui
« écrivoit le mieux, comparoit un sot traducteur à
« un laquais que sa maîtresse envoie faire un com-
« pliment à quelqu'un. Ce que sa maîtresse lui aura
« dit en termes polis, il va le rendre grossièrement,
« il l'estropie; plus il y avoit de délicatesse dans le
« compliment, moins ce laquais s'en tire bien : et
« voilà en un mot la plus parfaite image d'un mau-
« vais traducteur. » Boileau paraît donc certifier, en
quelque sorte, lui-même cette ressemblance, cet
accord d'elle à lui, que nous indiquons. M. Rœderer
a mille fois raison au sujet des relations de Molière
avec le monde de mesdames de Sévigné, de La
Fayette, et en montrant que la pièce des *Femmes
savantes* ne les regardait en rien. Quant à La Fontaine, il est constant qu'à une époque il fut fort en

familiarité avec madame de La Fayette ; on a des
vers affectueux qu'il lui adressait en lui envoyant un
petit billard : ce devait être du temps où il dédiait
une fable à l'auteur des *Maximes*, et une autre à
mademoiselle de Sévigné[1].

Depuis la mort de M. de La Rochefoucauld, les
idées de madame de La Fayette se tournèrent de plus
en plus à la religion ; on en a un témoignage précieux dans une belle et longue lettre de Du Guet,
qui est à elle. Elle l'avait choisi pour directeur. Sans
être liée directement avec Port-Royal, elle inclinait
de ce côté, et l'hypocrisie de la cour l'y poussait

---

[1] Madame de La Fayette était donc bien réellement du même
groupe, et comme du même *Parnasse* que La Fontaine, Racine
et Despréaux ; et le petit récit suivant n'est que l'image un peu
enfantine du vrai : « En 1675, dit Ménage, madame de Thianges
donna en étrennes une chambre toute dorée, grande comme
une table, à M. le duc du Maine. Au-dessus de la porte, il y avoit
en grosses lettres *Chambre du Sublime*. Au dedans un lit et un
balustre, avec un grand fauteuil, dans lequel étoit assis M. le
duc du Maine fait en cire, fort ressemblant. Auprès de lui M. de
La Rochefoucauld, auquel il donnoit des vers pour les examiner.
Autour du fauteuil M. de Marsillac et M. Bossuet, alors évêque
de Condom. A l'autre bout de l'alcôve, madame de Thianges et
madame de La Fayette lisoient des vers ensemble. Au dehors du
balustre, Despréaux avec une fourche empêchoit sept ou huit
méchants poëtes d'entrer. Racine étoit auprès de Despréaux, et
un peu plus loin La Fontaine, auquel il faisoit signe d'avancer.
Toutes ces figures étoient de cire, en petit, et chacun de ceux
qu'elles représentoient avoit donné la sienne. » Ménage ne nous
dit point s'il a posé pour l'un des cinq ou six mauvais poëtes
chassés par Boileau.

encore plus. Sa mère, on l'a vu, lui avait donné pour beau-père le chevalier Renaud de Sévigné, oncle de madame de Sévigné, et l'un des bienfaiteurs de Port-Royal-des-Champs, dont il avait fait rebâtir le cloître : il n'était mort qu'en 1676. Madame de La Fayette connut Du Guet, qui commençait à prendre un grand rôle spirituel pour la direction des consciences, et qui, dans cette décadence de Port-Royal, n'en avait que les traditions justes et intimes, sans rien de contentieux ni d'étroit. Voici quelques-unes des paroles sévères qu'adressait ce prêtre selon l'esprit, à la pénitente qui les lui avait demandées :

« J'ai cru, Madame, que vous deviez employer « utilement les premiers moments de la journée, où « vous ne cessez de dormir que pour commencer à « rêver. Je sais que ce ne sont point alors des pensées « suivies, et que souvent vous n'êtes appliquée qu'à « n'en point avoir. Mais il est difficile de ne pas dé- « pendre de son naturel, quand on veut bien qu'il « soit le maître; et l'on se retrouve sans peine, « quand on en a beaucoup à se quitter. Il est donc « important de vous nourrir alors d'un pain plus « solide que ne sont des pensées qui n'ont point de « but, et dont les plus innocentes sont celles qui ne

« sont qu'inutiles; et je croirois que vous ne pour-
« riez mieux employer un temps si tranquille qu'à
« vous rendre compte à vous-même d'une vie déjà
« fort longue, et dont il ne vous reste rien qu'une
« réputation dont vous comprenez mieux que per-
« sonne la vanité.

« Jusqu'ici les nuages dont vous avez essayé de
« couvrir la religion vous ont cachée à vous-même.
« Comme c'est par rapport à elle qu'on doit s'exami-
« ner et se connoître, en affectant de l'ignorer, vous
« n'avez ignoré que vous. Il est temps de laisser
« chaque chose à sa place et de vous mettre à la
« vôtre. La Vérité vous jugera, et vous n'êtes au
« monde que pour la suivre, et non pour la juger.
« En vain l'on se défend, en vain on dissimule : le
« voile se déchire à mesure que la vie et ses cupi-
« dités s'évanouissent; et l'on est convaincu qu'il en
« faudroit mener une toute nouvelle, quand il n'est
« plus permis de vivre. Il faut donc commencer par
« le désir sincère de se voir soi-même comme on
« est vu par son Juge. Cette vue est accablante même
« pour les personnes les plus déclarées contre le
« déguisement. Elle nous ôte toutes nos vertus et
« même toutes nos bonnes qualités, et l'estime que

« tout cela nous avoit acquise. On sent qu'on a vécu
« jusque-là dans l'illusion et le mensonge ; qu'on
« s'est nourri de viandes en peinture ; et qu'on n'a
« pris de la vertu que l'ajustement et la parure, et
« qu'on en a négligé le fond, parce que ce fond est
« de rapporter tout à Dieu et au salut, et de se mé-
« priser soi-même en tout sens, non par une vanité
« plus sage et par un orgueil plus éclairé et de meil-
« leur goût, mais par le sentiment de son injustice
« et de sa misère. »

Le reste de la lettre est également admirable, et
de ce ton approprié et pressant. — Ainsi, vous qui
avez rêvé, cessez vos rêves ! Vous qui vous estimiez
vraie entre toutes, et que le monde flattait d'être
telle, vous ne l'étiez pas, vous ne l'étiez qu'à demi et
qu'à faux : votre sagesse sans Dieu était pur bon
goût ! — Je lis plus loin une phrase sur ces années
« dont on ne s'est point encore sincèrement repenti,
parce qu'on est assez injuste pour excuser sa faiblesse
et *pour aimer ce qui en a été cause* [1]. »

Un an avant de mourir, madame de La Fayette

---

[1] Du Guet, jeune, s'était essayé au roman tendre, et avait fort
aimé l'*Astrée* : c'était en tout le directeur comme il le fallait à
l'auteur de *la Princesse de Clèves*.

écrivait à madame de Sévigné un petit billet qui exprime son mal sans repos nuit et jour, sa résignation à Dieu, et qui finit par ces mots : « Croyez, ma très-chère, que vous êtes la personne du monde que j'ai le plus véritablement aimée. » L'autre affection qu'elle ne nommait plus, qu'elle ne comptait plus, était-elle donc enfin ensevelie, consumée en sacrifice ?

Tout concorde jusqu'au bout et tout s'achève : madame de Sévigné écrit à madame de Guitaud, le 5 juin 1693, deux ou trois jours après le jour funeste, et déplore la mort de cette amie de quarante ans : « ..... Ses infirmités, depuis deux ans, étoient « devenues extrêmes ; je la défendois toujours, car « on disoit qu'elle étoit folle de ne vouloir point « sortir. Elle avoit une tristesse mortelle : Quelle « folie encore ! n'est-elle pas la plus heureuse femme « du monde ? Mais je disois à ces personnes si pré- « cipitées dans leurs jugements : Madame de La « Fayette n'est pas folle ; et je m'en tenois là. Hélas ! « Madame, la pauvre femme n'est présentement que « trop justifiée..... Elle avoit deux polypes dans le « cœur, et la pointe du cœur flétrie. N'étoit-ce pas « assez pour avoir ces désolations dont elle se plai-

« gnoit?..... Elle a eu raison pendant sa vie, elle
« a eu raison après sa mort, et jamais elle n'a été
« sans cette divine raison, qui étoit sa qualité prin-
« cipale..... Elle n'a eu aucune connoissance pen-
« dant les quatre jours qu'elle a été malade..... Pour
« notre consolation, Dieu lui a fait une grâce toute
« particulière, et qui marque une vraie prédestina-
« tion, c'est qu'elle se confessa le jour de la petite
« Fête-Dieu, avec une exactitude et un sentiment
« qui ne pouvoient venir que de lui, et reçut Notre
« Seigneur de la même manière. Ainsi, ma chère
« Madame, nous regardons cette communion, qu'elle
« avoit accoutumé de faire à la Pentecôte, comme
« une miséricorde de Dieu, qui nous vouloit con-
« soler de ce qu'elle n'a pas été en état de rece-
« voir le viatique. » — Ainsi mourut et vécut dans
un mélange de douceur triste et de vive souffrance,
de sagesse selon le monde et de repentir devant
Dieu, celle dont une idéale production nous en-
chante ! Que peut-on ajouter de plus comme matière de réflexion et d'enseignement ? La lettre à
madame de Sablé, *la Princesse de Clèves*, et la
lettre de Du Guet, n'est-ce pas toute une vie ?

1er septembre 1856.

M. DE LA ROCHEFOUCAULD.

M. DE LA ROCHEFOUCAULD.

Il faut savoir montrer l'esprit de son âge et le fruit de sa saison. Il vient un moment dans la vie où La Rochefoucauld plaît beaucoup et où il paraît plus vrai peut-être qu'il ne l'est. Les mécomptes de l'enthousiasme jettent dans le dégoût. Madame de Sévigné trouve qu'il serait joli d'avoir un cabinet tout tapissé de dessous de cartes ; dans son imprudence aimable, elle n'en voit que le piquant et l'amusant.

Le fait est qu'à un certain jour toutes ces belles
dames de cœur, ces nobles et chevaleresques *valets*
de carreau, avec lesquels on jouait si franc jeu, se
retournent; on s'était endormi en croyant à Hector,
à Berthe ou à Lancelot; on se réveille dans ce cabinet
même dont parle madame de Sévigné, et on n'aperçoit de tous côtés que l'envers. On cherche sous son
chevet le livre de la veille : c'était Elvire et Lamartine; on trouve en place La Rochefoucauld. Ouvrons-
le donc; il console, à force d'être chagrin comme
nous; il amuse. Ces pensées, qui aux jours de la jeunesse révoltaient comme trop fausses ou ennuyaient
comme trop vraies, et dans lesquelles on ne voyait
que la morale des livres, nous apparaissent pour la
première fois dans toute la fraîcheur de la nouveauté
et le montant de la vie; elles ont aussi leur printemps à elles; on les découvre : *Que c'est vrai!*
s'écrie-t-on. On en chérit la secrète injure, on en
suce à plaisir l'amertume. Cet excès même a de quoi
rassurer. S'enthousiasmer pour elles, c'est déjà en
quelque façon les dépasser et commencer à s'en
guérir.

M. de La Rochefoucauld lui-même, il est permis
de le conjecturer, en adoucit sur la fin et en corrigea

tout bas certaines conclusions trop absolues ; durant le cours de sa liaison délicate et constante avec madame de La Fayette, on peut dire qu'il sembla souvent les abjurer, au moins en pratique ; et cette noble amie eut quelque droit de se féliciter d'avoir réformé, ou tout simplement d'avoir réjoui son cœur.

La vie de M. de La Rochefoucauld, avant sa grande liaison avec madame de La Fayette, se divise naturellement en trois parties, dont la Fronde n'est que le milieu. Sa jeunesse et ses premiers éclats datent d'auparavant. Né en 1615, entré dans le monde dès l'âge de seize ans, il n'avait pas étudié, et ne mêlait à sa vivacité d'esprit qu'un bon sens naturel encore masqué d'une grande imagination. Avant le nouveau texte des *Mémoires*, découvert en 1817, et qui donne sur cette période première une foule de particularités retranchées par l'auteur dans la version jusqu'alors connue, on ne se pouvait douter du degré de chevalerie et de romanesque auquel se porta tout d'abord le jeune prince de Marsillac. Buckingham et ses royales aventures paraissent lui avoir fait un point de mire, comme Catilina au jeune de Retz. Ces premiers travers ont barré plus d'une vie. Tout le

beau feu de La Rochefoucauld se consuma alors dans
ses dévouements intimes à la reine malheureuse, à
mademoiselle d'Hautefort, à madame de Chevreuse
elle-même : en prenant cette route du dévouement,
il tournait, sans y songer, le dos à la fortune. Il
indisposait le roi, il irritait le cardinal : qu'importe?
le sort de Chalais, de Montmorency, de ces illustres
décapités, semblait seulement le piquer au jeu. Dans
un certain moment (1637, il avait vingt-trois ou
vingt-quatre ans), la reine persécutée, « abandonnée
« de tout le monde, nous dit-il, et n'osant se con-
« fier qu'à mademoiselle d'Hautefort et à moi, me
« proposa de les enlever toutes deux et de les em-
« mener à Bruxelles. Quelque difficulté et quelque
« péril qui me parussent dans un tel projet, je puis
« dire qu'il me donna plus de joie que je n'en avois
« eu de ma vie. J'étois dans un âge où l'on aime à
« faire des choses extraordinaires et éclatantes, et je
« ne trouvois pas que rien le fût davantage que d'en-
« lever en même temps la reine au roi son mari et au
« cardinal de Richelieu, qui en étoit jaloux, et d'ôter
« mademoiselle d'Hautefort au roi qui en étoit amou-
« reux. » Toutes ces fabuleuses intrigues finirent
pour lui, à la suite de madame de Chevreuse, par

huit jours de Bastille et un exil de deux ou trois ans
à Verteuil (1659-1642) : c'était en être quitte à bon
compte avec Richelieu, et cet exil un peu languis-
sant se trouvait encore agréablement diversifié, il
l'avoue, par les douceurs de la famille [1], les plaisirs de la campagne, et les espérances surtout d'un
règne prochain où la reine paierait ses fidèles ser-
vices.

Cette première partie des *Mémoires* était essentielle, ce me semble, pour éclairer les *Maximes*, et
faire bien mesurer toute la hauteur d'où l'ambitieux
chevaleresque était tombé pour creuser ensuite en
moraliste : les *Maximes* furent la revanche du
roman.

Il résulte de plus de cette première période mieux
connue que Marsillac, qui, en effet, avait trente-
trois ans bien passés lors de son engagement avec madame de Longueville, et trente-cinq ans à son entrée
dans la Fronde, n'y arriva que déjà désappointé,
irrité, et, pour tout dire, fort perverti : et cela, sans
l'excuser, explique mieux la détestable conduite qu'il

---

[1] Il avait épousé fort jeune mademoiselle de Vivonne, dont je
ne vois pas qu'on dise rien de plus par rapport à lui, sinon qu'il
en eut cinq fils et trois filles.

y tint. On le voit gâté tout d'abord. Il ne se cache
pas sur les motifs qui l'y jetèrent : « Je ne balançai
point, dit-il, et je ressentis un grand plaisir de voir
qu'en quelque état que la dureté de la reine et la
haine du cardinal (Mazarin) eussent pu me réduire,
il me restoit encore des moyens de me venger d'eux. »
Mal payé de son premier dévouement, il s'était bien
promis qu'on ne l'y prendrait plus.

La Fronde présente donc la seconde période de la
vie de M. de La Rochefoucauld ; la troisième comprend les dix ou douze années qui suivirent, et durant lesquelles il se refit, comme il put, de ses
blessures au physique, et s'en vengea, s'en amusa,
s'en releva au moral dans ses *Maximes*. L'intime
liaison avec madame de La Fayette, qui les adoucit et les consola véritablement, ne vint guère qu'a-
près.

On pourrait donner à chacune des quatre périodes
de la vie de M. de La Rochefoucauld le nom d'une
femme, comme Hérodote[1] donne à chacun de ses
livres le nom d'une muse. Ce seraient madame de
Chevreuse, madame de Longueville, madame de

---

[1] Hérodote ou plutôt quelque ancien grammairien et critique
comme nous-même.

Sablé, madame de La Fayette ; les deux premières, héroïnes d'intrigue et de roman ; la troisième, amie moraliste et causeuse ; la dernière, revenant, sans y viser, à l'héroïne par une tendresse tempérée de raison, repassant, mêlant les nuances, et les enchantant comme dans un dernier soleil.

Madame de Longueville fut la passion brillante : fut-elle une passion sincère ? Madame de Sévigné écrivait à sa fille (7 octobre 1676) : « Quant à M. de La Rochefoucauld, il alloit, comme un enfant, revoir Verteuil et les lieux où il a chassé avec tant de plaisir ; je ne dis pas où il a été amoureux, car je ne crois pas que ce qui s'appelle amoureux, il l'ait jamais été. » Lui-même, au rapport de Segrais, disait qu'il n'avait trouvé de l'amour que dans les romans. Si la *maxime* est vraie : « Il n'y a que d'une sorte d'amour, mais il y en a mille différentes copies, » celui de M. de La Rochefoucauld et de madame de Longueville pourrait bien n'être, en effet, qu'une copie des plus flatteuses. Marsillac, au moment où il s'attacha à madame de Longueville, voulait, avant tout, se pousser à la cour et se venger de l'oubli où on l'avait laissé : il la jugea propre à son dessein. Il nous a raconté comment il traita d'elle, en quelque

sorte, avec Miossens[1], qui avait les devants : « J'eus
sujet de croire que je pourrois faire un usage plus
considérable que Miossens de l'amitié et de la confiance de madame de Longueville ; je l'en fis convenir lui-même. Il savoit l'état où j'étois à la cour ; je
lui dis mes vues, mais que sa considération me re-
tiendroit toujours, et que je n'essaierois point à
prendre des liaisons avec madame de Longueville,
s'il ne m'en laissoit la liberté. *J'avoue même que je
l'aigris exprès contre elle pour l'obtenir, sans lui
rien dire toutefois qui ne fût vrai*[2]. Il me la donna
tout entière, mais il se repentit... » L'attrait s'en
mêla sans doute ; l'imagination et le désir s'y entr'ai-
daient. M. de La Rochefoucauld aimait les *belles
passions* et les croyait du fait d'un *honnête homme*.
Quel plus bel objet pour s'y appliquer ! Mais tout
cela, à l'origine du moins, n'est-ce pas du parti pris ?

Du côté de madame de Longueville, il n'y aurait
pas moins à raisonner, à distinguer. On n'a pas à
craindre de subtiliser avec elle sur le sentiment, car
elle était plus que tout subtile. En dévotion, nous

---

[1] Depuis maréchal d'Albret.

[2] N'admirez-vous pas la franchise ? Durant la Fronde, le sobriquet de La Rochefoucauld était le camarade *la Franchise* : il l'a
mieux justifié depuis.

avons par Port-Royal ses examens secrets de conscience : les raffinements de scrupules y passent toute idée. En amour, en galanterie, c'était de même, sauf les scrupules[1]. Sa vie et son portrait ne sauraient être ici brusqués en passant : elle mérite une place à part et elle l'aura. Sa destinée a de tels contrastes et de telles harmonies dans son ensemble, que ce serait une profanation d'y rien dégrader. Elle est de celles, d'ailleurs, dont on a beau médire ; la raison y perd ses droits ; il en est de son cœur comme de sa beauté, qui, avec bien des défauts, avait un éclat, une façon de *langueur*, et un charme enfin, qui attachaient.

Ses vingt-cinq ans étaient déjà passés quand sa liaison avec M. de La Rochefoucauld commença. Jusqu'alors elle s'était assez peu mêlée de politique : Miossens avait pourtant tâché de l'initier. La Rochefoucauld s'y appliqua et lui donna le mouvement plus que l'habileté, qu'en ce genre il n'atteignit lui-même qu'à peu près.

---

[1] « Les femmes croient souvent aimer, encore qu'elles n'aiment pas : l'occupation d'une intrigue, l'émotion d'esprit que donne la galanterie, la pente naturelle au plaisir d'être aimées, et la peine de refuser, leur persuadent qu'elles ont de la passion, lorsqu'elles n'ont que de la coquetterie. » (*Maximes.*)

Le goût naturel de madame de Longueville était celui qu'on a appelé de l'hôtel de Rambouillet : elle n'aimait rien tant que les conversations galantes et enjouées, les distinctions sur les sentiments, les délicatesses qui témoignaient de la *qualité* de l'esprit. Elle tenait sur toutes choses à faire paraître ce qu'elle en avait de plus fin, à se détacher du commun, à briller dans l'élite. Quand elle se crut une personne politique, elle n'était pas fâchée qu'on l'estimât moins sincère, s'imaginant passer pour plus habile. Les petites considérations la décidaient dans les grands moments. Il y avait chimère en elle, fausse gloire, ce que nous baptiserions aussi *poésie :* elle fut toujours hors du positif. Sa belle-fille[1], la duchesse de Nemours, qui, elle, n'en sortait pas, argus peu bienveillant, mais très-clairvoyant, nous la montre telle dans les *Mémoires* si justes, qu'on voudrait toutefois moins rigoureux. La Rochefoucauld, à sa manière, ne dit pas autre chose, et lui, si bien posé pour le savoir, il se plaint encore de cette facilité qu'elle avait à être gouvernée, dont il usa trop et dont il ne resta pas maître : «..... Ses belles qualités étoient moins brillantes, dit-il, à cause d'une tache qui ne s'est jamais

[1] Fille de M. de Longueville, d'un premier lit.

vue en une princesse de ce mérite, qui est que, bien loin de donner la loi à ceux qui avoient une particulière adoration pour elle, elle se transformoit si fort dans leurs sentiments qu'elle ne reconnoissoit plus les siens propres. » En tout temps, que ce fût M. de La Rochefoucald, ou M. de Nemours, ou à Port-Royal M. Singlin, qui la gouvernât, madame de Longueville se servit moins de son esprit que de celui des autres.

M. de La Rochefoucauld, pour la guider dans la politique, n'y était pas assez ferme lui-même : « Il y eut toujours du je ne sais quoi, dit Retz, en tout M. de La Rochefoucauld. » Et dans une page merveilleuse où l'ancien ennemi s'efface et ne semble plus qu'un malin ami[1], il développe ce *je ne sais quoi* par l'idée de quelque chose d'irrésolu, d'insuffisant, d'incomplet dans l'action au milieu de tant de grandes qualités. « Il n'a jamais été guerrier, quoiqu'il fût très-soldat. Il n'a jamais été par lui-même bon courtisan, quoiqu'il eût toujours bonne intention de l'être. Il n'a jamais été homme de parti, quoique

---

[1] La Rochefoucauld a laissé un portrait de lui par lui-même ; il y tourne ses défauts même à louange. Retz, dans celui qu'il trace, détourne l'éloge même en malice.

toute sa vie il y ait été engagé. » Et il le renvoie à être le plus honnête homme dans la vie privée. Sur un seul point j'oserai contredire Retz : il refuse l'imagination à La Rochefoucauld, qui me semble l'avoir eue grande[1]. Encore une fois, il commença par pratiquer le roman, du temps de madame de Chevreuse; sous la Fronde, il essaya l'histoire, la politique, et la manqua. La vengeance et le dépit l'y poussaient plus qu'une ambition sérieuse : de beaux restes de romans venaient à la traverse; la vie privée et sa douce paresse, par où il devait finir, l'appelaient déjà. A peine embarqué dans une affaire, il se montrait impatient d'en sortir : sa pensée essentielle n'était pas là[2]. Or, avec la disposition entraînée de madame de Longueville, qu'on songe à ce qu'elle dut devenir en conduite dès l'instant que ce *je ne sais quoi* de M. de La Rochefoucauld fut son étoile : et autour de cette étoile, comme autant de lunes, ses propres caprices.

Ce serait trop entreprendre que de les suivre; et,

[1] Même comme écrivain, quand il dit : « Le soleil ni la mort ne se peuvent regarder fixement. »

[2] Matha disait de M. de La Rochefoucauld, « qu'il faisoit tous les matins une brouillerie, et que tous les soirs il travailloit à un rhabillement (c'étoit son mot). »

à l'égard de M. de La Rochefoucauld, ce serait souvent trop pénible et trop humiliant[1], pour ceux qui
l'admirent, que de l'accompagner. Le résultat chez
lui vaut mieux que le chemin. Qu'il suffise d'indiquer que, durant la première Fronde et le siége de
Paris (1649), son ascendant fut entier sur madame
de Longueville. Lorsque après l'arrestation des
princes elle s'enfuit en Normandie, puis de là par
mer en Hollande, d'où elle gagna Stenay, elle se
déshabitua un peu de lui[2]. A son retour en France
et à la reprise d'armes, on la retrouve gouvernée
encore quelque temps par les avis de M. de La
Rochefoucauld, qui cette fois les donne meilleurs
à mesure qu'il va être plus désintéressé. Elle lui
échappe enfin tout à fait (1652), et prête l'oreille à
l'aimable duc de Nemours.

M. de Nemours plaisait surtout à madame de Longueville en ce qu'il lui sacrifiait madame de Châtillon.

---

[1] Ce mot d'*humiliant* ne semblera pas trop fort à ceux qui ont
lu sur son compte les *Mémoires* de la duchesse de Nemours, le
récit surtout de cette triste scène au parlement, où il tint Retz
entre deux portes, et les propos qu'il y lâcha et qu'il essuya. Oh !
que de sensibles déchirures au noble et galant pourpoint !

[2] « L'absence diminue les médiocres passions et augmente les

« On a bien de la peine à rompre, quand on ne s'aime plus. » On en était à ce point de difficulté : M. de Nemours le trancha, et M. de La Rochefoucauld saisit avec joie une occasion d'être libre, en faisant l'offensé : « Quand nous sommes las d'aimer, nous sommes bien aises qu'on nous devienne infidèle pour nous dégager de notre fidélité. »

Il fut donc bien aise, mais non pas sans mélange ni sans des retours amers : « La jalousie, il l'a dit, naît avec l'amour ; mais elle ne meurt pas toujours avec lui. » Le châtiment de ces sortes de liaisons, c'est qu'on souffre également de les porter et de les rompre. Il voulut se venger et manœuvra si bien, que madame de Châtillon reconquit M. de Nemours sur madame de Longueville, et qu'en veine de triomphe, elle fit encore perdre à celle-ci le cœur et la confiance du prince de Condé qu'elle s'attacha également. Entre madame de Châtillon, M. le Prince et M. de Nemours, La Rochefoucauld, qui était l'âme de cette intrigue, s'applaudissait cruellement. Vue et blessure trois fois aigrissante pour madame de Longueville !

grandes, comme le vent éteint les bougies et allume le feu. »
(*Maximes.*)

A peu de temps de là, M. de Nemours fut tué en duel par M. de Beaufort, et (bizarrerie du cœur!) madame de Longueville le pleura comme si elle l'eût encore possédé. Ses idées de pénitence suivirent de près.

M. de La Rochefoucauld fut puni tout le premier de sa vilaine action ; il reçut, au combat du faubourg Saint-Antoine, cette mousquetade qui lui perça le visage et lui fit perdre les yeux pendant quelque temps. On a cité maintes fois, et avec toutes sortes de variantes, les vers tragiques qu'il tourna et parodia à ce sujet. Ils ne furent sérieux à aucun moment, puisqu'à cette époque il était déjà brouillé avec madame de Longueville.

> Pour ce cœur inconstant qu'enfin je connois mieux,
> J'ai fait la guerre aux Rois : j'en ai perdu les yeux !

Chacun est ainsi. Du jour où on ne répond au jeu du sort que par une moquerie de cette devise héroïque de la jeunesse :

> J'ai fait la guerre aux Rois, je l'aurois faite aux Dieux ;

de ce jour-là, plus de tragédie ni d'acte sérieux ; on est entré dans l'ironie profonde.

Ce fut, à lui, le terme de ses actives erreurs. Il a près de quarante ans : la goutte le tient déjà, et le voilà presque aveugle. Il retombe dans la vie privée et s'enfonce dans le fauteuil pour n'en plus sortir. Les amis empressés l'entourent, et madame de Sablé est aux petits soins. L'honnête homme accompli commence, et le moraliste se déclare.

M. de La Rochefoucauld va nous paraître tout sage, du moment qu'il est tout désintéressé. Ainsi des hommes : sagesse d'un côté, et action de l'autre. Le bon sens est au comble quand on n'a plus qu'à juger ceux qui n'en ont pas.

Le *je ne sais quoi* dont Retz cherchait l'explication en M. de La Rochefoucauld, se réduit à ceci, autant que j'ose le préciser : c'est que sa vocation propre consistait à être observateur et écrivain. Ce fut la fin à quoi lui servit tout le reste. Avec ses diverses qualités essayées de guerrier, de politique, de courtisan, il n'était dans aucune tout entier ; il y avait toujours un coin essentiel de sa nature qui se dérobait et qui déplaçait l'équilibre. Sa nature, sans qu'alors il s'en doutât, avait son *arrière-pensée* dans toutes les entreprises : cette arrière-pensée était d'y réfléchir quand ce serait passé. Toutes les aventures devaient finir chez lui, non comme la Fronde par des chansons, mais par des maximes; une moquerie aussi, couverte et grave. Ce qui semblait un débris ramassé par l'expérience après le naufrage, composa le vrai centre, enfin trouvé, de sa vie [1].

Un léger signe très-singulier me paraît encore indiquer en M. de La Rochefoucauld cette destination expresse de la nature. Pour un homme de tant de monde, il avait (Retz nous le dit) un air de honte et de timidité dans la vie civile. Huet (dans ses *Mémoires*) nous le montre comme tellement embarrassé en public, que, s'il avait eu à parler *d'office* devant un cercle de six ou sept personnes, le cœur lui aurait failli. L'effroi de la solennelle harangue l'empêcha toujours d'être de l'Académie Française. Nicole était ainsi et n'aurait pu prêcher ni soutenir une thèse. Un des traits du moraliste est dans cette observation à la dérobée,

---

[1] C'est en pleine Fronde qu'il lui échappa un mot souvent cité, et qui révélait en lui le futur auteur des *Maximes*. Pendant les conférences de Bordeaux (octobre 1650), comme il se trouvait avec M. de Bouillon et le conseiller d'état Lenet dans le carrosse du cardinal Mazarin, celui-ci se mit à rire en disant: « Qui aurait pu croire, il y a seulement huit jours, que nous serions tous quatre aujourd'hui dans un même carrosse? » — « *Tout arrive en France*, » repartit le frondeur moraliste; et pourtant, remarque M. Bazin, il était loin encore d'avoir vu tout ce qui pouvait y arriver.

dans cette causerie à mi-voix. Montesquieu dit quelque part que, s'il avait été forcé de vivre en professant, il n'aurait pu. Combien l'on conçoit cela de moralistes surtout, comme La Rochefoucauld, comme Nicole ou La Bruyère ! Les *Maximes* sont de ces choses qui ne s'enseignent pas : les réciter devant six personnes, c'est déjà trop. On n'accorde à l'auteur qu'il a raison, que dans le tête-à-tête. A l'homme en masse, il faut plutôt du Jean-Jacques ou du La Mennais [1].

Les *Réflexions ou Sentences et Maximes mo-*

---

[1] M. de La Rochefoucauld n'était pas sans se rendre très-bien compte, sous d'autres noms, de ces différences. Segrais (en ses *Mémoires anecdotes*) raconte ceci : « M. de La Rochefoucauld étoit l'homme du monde le plus poli, qui savoit garder toutes les bienséances, et surtout qui ne se louoit jamais. M. de Roquelaure et M. de Miossens avoient beaucoup d'esprit, mais ils se louoient incessamment : ils avoient un grand parti. M. de La Rochefoucauld disoit en parlant d'eux, bien loin pourtant de sa pensée : «Je me repens de la loi que je me suis imposée de ne « me pas louer ; j'aurois beaucoup plus de sectateurs si je le fai- « sois. Voyez M. de Roquelaure et M. de Miossens, qui parlent « deux heures de suite devant une vingtaine de personnes en se « vantant toujours ; il n'y en a que deux ou trois qui ne peuvent « les souffrir, et les dix-sept autres les applaudissent et les regardent « comme des gens qui n'ont point leurs semblables. » Si Roquelaure et Miossens avaient mêlé à leur propre éloge celui de leurs auditeurs, ils se seraient encore mieux fait écouter. Dans un gouvernement constitutionnel, où il faut tout haut se louer quelque peu soi-même (on en a des exemples) et louer à la fois la majorité des assistants, on voit que M. de La Rochefoucauld n'aurait pu être autre chose que ce qu'il fut de son temps, un moraliste toujours.

rales parurent en 1665. Douze ans s'étaient écoulés depuis la vie aventureuse de M. de La Rochefoucauld et ce coup de feu, sa dernière disgrâce.
Dans l'intervalle, il avait écrit ses *Mémoires* qu'une
indiscrétion avait divulgués (1662), et auxquels il
dut opposer un de ces désaveux qui ne prouvent
rien [1]. Une copie des *Maximes* courut également, et
s'imprimait en Hollande. Il y para en les faisant
publier chez Barbin. Cette première édition, sans
nom d'auteur, mais où il est assez désigné, renferme
un *Avis au Lecteur* très-digne du livre, un *Discours* qui l'est beaucoup moins, qu'on a attribué à
Segrais, qui me semble encore trop fort pour lui, et
où l'on répond aux objections déjà courantes avec
force citations d'anciens philosophes et de pères de
l'église. Le petit avis au lecteur y répond bien
mieux d'un seul mot : « Il faut prendre garde,...
il n'y a rien de plus propre à établir la vérité
de ces *Réflexions* que la chaleur et la subti-

---

[1] Il fallait aller au-devant du mécontentement de M. le Prince
pour certains passages où il était touché. Il y avait d'autres mé-
contentements plus violents de personnages secondaires, qui
pourtant n'auraient pas laissé d'embarrasser : on en peut prendre
idée par la furieuse colère du duc de Saint-Simon, racontée dans
les *Mémoires* de son fils, tome 1, p. 91.

lité que l'on témoignera pour les combattre[1]. »

Voltaire, qui a jugé les *Maximes* en quelques lignes légères et charmantes, y dit qu'aucun livre ne contribua davantage à former le goût de la nation : « On lut rapidement ce petit recueil ; il accoutuma à penser et à renfermer, ses pensées dans un tour vif, précis et délicat. C'était un mérite que personne n'avait eu avant lui, en Europe, depuis la renaissance des lettres. » Trois cent seize pensées formant cent cinquante pages eurent ce résultat glorieux. En 1665, il y avait neuf ans que *les Provinciales* avaient paru ; les *Pensées* ne devaient être publiées que cinq ans plus tard, et le livre des *Caractères* qu'après vingt-deux ans. Les grands monuments de prose, les éloquents ouvrages oratoires qui consacrent le règne de Louis XIV, ne sortirent que depuis 1669, à commencer par l'oraison funèbre de la reine d'An-

---

[1] Et encore : « Le meilleur parti que le lecteur ait à prendre est de se mettre d'abord dans l'esprit qu'il n'y a aucune de ces maximes qui le regarde en particulier, et qu'il en est seul excepté, bien qu'elles paroissent générales. Après cela, je lui réponds qu'il sera le premier à y souscrire... » Pourquoi ce malin petit *Avis* ne se trouve-t-il reproduit dans aucune des éditions ordinaires de La Rochefoucauld ? En général, les premières éditions ont une physionomie qui n'est qu'à elles, et apprennent je ne sais quoi sur le dessein de l'auteur, que les autres, augmentées et complétées, ne disent plus. Cela est vrai surtout des premières éditions de La Rochefoucauld et de La Bruyère.

gleterre. On était donc, en 1665, au vrai seuil du
beau siècle, au premier plan du portique, à l'avant-
veille d'*Andromaque*; l'escalier de Versailles s'inau-
gurait dans les fêtes : Boileau, accostant Racine,
montait les degrés ; La Fontaine en vue s'oubliait
encore ; Molière dominait déjà, et le *Tartufe*, achevé
dans sa première forme, s'essayait sous le manteau.
A ce moment décisif et d'entrain universel , M. de
La Rochefoucauld, qui aimait peu les hauts discours,
et qui ne croyait que causer, dit son mot : un grand
silence s'était fait ; il se trouva avoir parlé pour tout
le monde, et chaque parole demeura.

C'était un misanthrope poli , insinuant , souriant,
qui précédait de bien peu et préparait avec charme
l'autre *Misanthrope*.

Dans l'histoire de la langue et de la littérature
française, La Rochefoucauld vient en date au premier rang après Pascal, et comme en plein Pascal [1],
qu'il devance même en tant que pur moraliste. Il
a cette netteté et cette concision de tour que Pascal

---

[1] Celui-ci était mort dès 1662 ; mais la mise en ordre et la publication de ses *Pensées* furent retardées par suite des querelles
jansénistes jusqu'à l'époque dite de *la paix de l'église* (1669). Il
résulte de ce retard que La Rochefoucauld ne put rien lui em-
prunter : tous deux restent parfaitement originaux et collatéraux.

seul, dans ce siècle, a eues avant lui, que La Bruyère ressaisira, que Nicole n'avait pas su garder, et qui sera le cachet propre du xviiie siècle, le triomphe perpétuellement aisé de Voltaire.

Si les *Maximes* peuvent sembler, à leur naissance, n'avoir été qu'un délassement, un jeu de société, une sorte de gageure de gens d'esprit qui jouaient aux proverbes, combien elles s'en détachent par le résultat, et prennent un caractère au-dessus de la circonstance ! Saint-Évremond, Bussy, qu'on a comparés à La Rochefoucauld pour l'esprit, la bravoure et les disgrâces, sont aussi des écrivains de qualité et de société ; ils ont de l'agrément parfois, mais je ne sais quoi de corrompu ; ils sentent leur régence. Le moraliste, chez La Rochefoucauld, est sévère, grand, simple, concis ; il atteint au beau ; il appartient au pur Louis XIV.

On ne peut assez louer La Rochefoucauld d'une chose, c'est qu'en disant beaucoup il n'exprime pas trop. Sa manière, sa forme est toujours honorable pour l'homme, quand le fond l'est si peu.

En correction il est de l'école de Boileau, et bien avant l'*Art poétique*. Quelques-unes de ses maximes ont été refaites plus de trente fois, jusqu'à ce qu'il fût arrivé à l'expression nécessaire. Avec cela il n'y paraît aucun tourment. Ce petit volume original, dans sa primitive ordonnance qui s'est plus tard rompue, offrant ses trois cent quinze pensées si brèves, encadrées entre les considérations générales sur l'*amour-propre* au début et les réflexions sur le *mépris de la mort* à la fin, me figure encore mieux que les éditions suivantes un tout harmonieux, où chaque détail espacé arrête le regard. Le parfait moderne du genre est là : c'est l'aphorisme aiguisé et poli. Si Racine se peut admirer après Sophocle, on peut lire La Rochefoucauld après Job, Salomon, Hippocrate et Marc-Aurèle.

Tant d'esprits profonds, solides ou délicats, en ont parlé tour à tour, que c'est presque une témérité d'y vouloir ajouter. J'indiquerai parmi ceux dont j'ai sous la main les notices particulières, Suard, Petitot, M. Vinet, tout récemment M. Géruzès. A peine s'il y a à glaner encore.

Nul n'a mieux traité de la philosophie des *Maximes*, que M. Vinet[1]. Il est assez de l'avis de Vauvenargues, qui dit : « La Bruyère était un

[1] *Essais de Philosophie morale*, 1837.

grand peintre, et n'était pas peut-être un grand philosophe. Le duc de La Rochefoucauld était philosophe et n'était pas peintre. » Quelqu'un a dit en ce
même sens : « Chez La Bruyère, la pensée ressemble
souvent à une femme plutôt bien mise que belle : elle
a moins de corps que de tournure. » Mais, sans prétendre diminuer du tout La Bruyère, on a droit de
trouver dans La Rochefoucauld un angle d'observation plus ouvert, un coup d'œil plus à fond. Je crois
même qu'il eut plus de système et d'unité de principe que M. Vinet ne voudrait lui en reconnaître, et
que c'est par là qu'il justifie en plein ce nom de philosophe que l'ingénieux critique lui accorde si
expressément. Les *souvent*, *quelquefois*, *presque
toujours*, *d'ordinaire*, par lesquels il modère ses
conclusions fâcheuses, peuvent être pris pour des
précautions polies. Tout en mettant le doigt sur le
ressort, il faisait semblant de reculer un peu ; il lui
suffisait de ne pas lâcher. Après tout, la philosophie
morale de La Rochefoucauld n'est pas si opposée à
celle de son siècle, et il profita de la rencontre pour
oser être franc. Pascal, Molière, Nicole, La Bruyère,
ne flattent guère l'homme, j'imagine ; les uns disent
le mal et le remède, les autres ne parlent que du

mal : voilà toute la différence. Vauvenargues, qui
commença l'un des premiers la réhabilitation, le remarque très-bien : « L'homme, dit-il, est maintenant
en disgrâce chez tous ceux qui pensent, et c'est à qui
le chargera de plus de vices. Mais peut-être est-il
sur le point de se relever et de se faire restituer
toutes ses vertus,... et bien au-delà[1]. » Jean-
Jacques s'est chargé de cet *au-delà*; il l'a poussé si
loin, qu'on le pourrait croire épuisé. Mais non; on
ne s'arrête pas en si beau chemin; la veine orgueil-
leuse court et s'enfle encore. L'homme est tellement
réhabilité de nos jours, qu'on n'oserait lui dire tout
haut ni presque écrire ce qui passait pour des vérités
au XVIIe siècle. C'est un trait caractéristique de ce
temps-ci. Tel rare esprit qui, en causant, n'est
pas moins ironique qu'un La Rochefoucauld[2], le
même, sitôt qu'il écrit ou parle en public, le prend
sur un ton de sentiment et se met à exalter la nature
humaine. On proclame à la tribune le beau et le
grand dont on fait des gaietés dans l'embrasure d'une
croisée, ou des sacrifices d'un trait de plume autour

---

[1] Vauvenargues répète cette pensée en deux endroits presque
dans les mêmes termes.

[2] Benjamin Constant, par exemple.

d'un tapis vert. Le philosophe ne pratique que l'intérêt et ne prêche que l'idée pure.

Les *Maximes* de La Rochefoucauld ne contredisent
en rien le christianisme, bien qu'elles s'en passent.
Vauvenargues, plus généreux, lui est bien plus contraire, là même où il n'en parle pas. L'homme de La
Rochefoucauld est exactement l'homme déchu, sinon
comme l'entendent François de Sales et Fénelon, du
moins comme l'estiment Pascal, Du Guet et Saint-
Cyran. Otez de la morale janséniste la *rédemption*,
et vous avez La Rochefoucauld tout pur. S'il paraît
oublier dans l'homme le roi exilé que Pascal relève,
et les restes brisés du diadème, qu'est-ce donc que
cet insatiable orgueil qu'il dénonce, et qui, de ruse
ou de force, se veut l'unique souverain? Mais il se
borne à en sourire; et ce n'est pas tout d'être morti-
fiant, dit M. Vinet, il faut être utile. Le malheur de
La Rochefoucauld est de croire que les hommes ne
se corrigent pas : « On donne des conseils, pense-t-il,
mais on n'inspire pas de conduite. » Lorsqu'il fut
question d'un gouverneur pour M. le Dauphin, on
songea un moment à lui : j'ai peine à croire que
M. de Montausier, moins aimable et plus doctoral,
ne convenait pas mieux.

Les réflexions morales de La Rochefoucauld semblent vraies, exagérées ou fausses, selon l'humeur et la situation de celui qui lit. Elles ont droit de plaire à quiconque a eu sa Fronde et son coup de feu dans les yeux. Le célibataire aigri les chérira. L'honnête homme heureux, le père de famille rattaché à la vie par des liens prudents et sacrés, pour ne pas les trouver odieuses, a besoin de ne les accepter qu'en les interprétant. Qu'importe si aujourd'hui j'ai paru y croire? Demain, ce soir, la seule vue d'une famille excellente et unie les dissipera. Une mère qui allaite, une aïeule qu'on vénère, un noble père attendri, des cœurs dévoués et droits, non alambiqués par l'analyse, les fronts hauts des jeunes hommes, les fronts candides et rougissants des jeunes filles, ces rappels directs à une nature franche, généreuse et saine, recomposent une heure vivifiante, et toute subtilité de raisonnement a disparu.

Du temps de La Rochefoucauld et autour de lui, on se faisait les mêmes objections et les mêmes réponses. Segrais, Huet, lui trouvaient plus de sagacité que d'équité, et ce dernier même remarquait très-finement que l'auteur n'avait intenté de certaines accusations à l'homme que pour ne pas perdre

6.

quelque expression ingénieuse et vive dont il les
avait su revêtir [1]. Si peu *auteur* qu'on se pique
d'être en écrivant, on l'est toujours par un coin. Si
Balzac et les *académistes* de cette école n'ont jamais
l'idée que par la phrase, La Rochefoucauld lui-
même, le strict penseur, sacrifie au mot. Ses lettres
à madame de Sablé, dans le temps de la confection
des *Maximes*, nous le montrent plein de verve, mais
de préoccupation littéraire aussi ; c'était une émula-
tion entre elle et lui, et M. Esprit, et l'abbé de La
Victoire : « Je sais qu'on dîne chez vous sans moi,
écrivait-il, et que vous faites voir des sentences que
je n'ai pas faites, dont on ne me veut rien dire... »
Et encore, de Verteuil où il était allé, non loin d'An-
goulême : « Je ne sais si vous avez remarqué que
l'envie de faire des sentences se gagne comme le
rhume : il y a ici des disciples de M. de Balzac qui
en ont eu le vent et qui ne veulent plus faire autre
chose. » La mode des maximes avait succédé à celle
des portraits : La Bruyère les ressaisit plus tard et
les réunit toutes les deux. Les *post-scriptum* des
lettres de La Rochefoucauld sont remplis et assai-

---

[1] *Hueliana*, pag. 251.

sonnés de ces sentences qu'il essaie, qu'il retouche, qu'il retire presque en les hasardant, dont il va peut-être avoir regret, dit-il, dès que le courrier sera parti : « La honte me prend de vous envoyer des ouvrages, écrit-il à quelqu'un qui vient de perdre un quartier de rentes sur l'Hôtel-de-Ville ; tout de bon, si vous les trouvez ridicules, renvoyez-les moi sans les montrer à madame de Sablé. » Mais on ne manquait pas de les montrer, il le savait bien. Courant ainsi d'avance, ces pensées excitaient des contradictions, des critiques. On en a une de madame de Schomberg, cette même mademoiselle d'Hautefort, objet d'un chaste amour de Louis XIII, et dont Marsillac, au temps de sa chevalerie première, avait été l'ami et le serviteur dévoué : « Oh ! qui l'auroit cru alors, pouvait-elle lui dire ; et se peut-il que vous vous soyez tant gâté depuis ? » On leur reprochait aussi de l'obscurité ; madame de Schomberg ne leur en trouvait pas, et se plaignait plutôt de trop les comprendre ; madame de Sévigné écrivait à sa fille en lui envoyant l'édition de 1672 : « Il y en a de divines ; et, à ma honte, il y en a que je n'entends pas. » Corbinelli les commentait. Madame de Maintenon, à qui elles allaient tout d'abord, écrivait en mars 1666 à

mademoiselle de Lenclos, à qui elles allaient encore
mieux : « Faites, je vous prie, mes compliments à
M. de La Rochefoucauld, et dites-lui que le livre
de Job et le livre des *Maximes* sont mes seules lectures [1]. »

Le succès, les contradictions et les éloges ne se
continrent pas dans les entretiens de société et dans
les correspondances; les journaux s'en mêlèrent;
quand je dis *journaux*, il faut entendre le *Journal
des Savants*, le seul alors fondé, et qui ne l'était
que depuis quelques mois. Ceci devient piquant, et
j'oserai tout révéler. En feuilletant moi-même [2] les
papiers de madame de Sablé, j'y ai trouvé le premier projet d'article destiné au *Journal des Savants*
et de la façon de cette dame spirituelle. Le voici :

« C'est un traité des mouvements du cœur de
« l'homme qu'on peut dire avoir été comme incon-
« nus, avant cette heure, au cœur même qui les pro-

---

[1] On peut ajouter à ces hommages et témoignages, au sujet
des *Maximes,* la fable de La Fontaine (onzième du livre I), une
ode et des moralités de madame Des Houlières, l'ode de La
Motte sur l'*Amour-propre*, et la réponse en vers du marquis de
Sainte-Aulaire (voir sur ce dernier débat les *Mémoires de Trévoux*, avril et juin 1709).

[2] Sur le conseil de M. Libri, si docte en toutes choses. —
Bibliothèque du roi, mss. résidu de Saint-Germain, paquet 3,
n° 2.

« duit. Un seigneur aussi grand en esprit qu'en nais-
« sance en est l'auteur. Mais ni son esprit ni sa gran-
« deur n'ont pu empêcher qu'on n'en ait fait des ju-
« gements bien différents.

« Les uns croient que c'est outrager les hommes
« que d'en faire une si terrible peinture, et que l'au-
« teur n'en a pu prendre l'original qu'en lui-même.
« Ils disent qu'il est dangereux de mettre de telles
« pensées au jour, et qu'ayant si bien montré qu'on
« ne fait les bonnes actions que par de mauvais prin-
« cipes, la plupart du monde croira qu'il est inutile
« de chercher la vertu, puisqu'il est comme impos-
« sible d'en avoir si ce n'est en idée ; que c'est enfin
« renverser la morale, de faire voir que toutes les
« vertus qu'elle nous enseigne ne sont que des chi-
« mères, puisqu'elles n'ont que de mauvaises fins.

« Les autres, au contraire, trouvent ce traité fort
« utile, parce qu'il découvre aux hommes les
« fausses idées qu'ils ont d'eux-mêmes, et leur fait
« voir que, sans la religion, ils sont incapables de
« faire aucun bien ; qu'il est toujours bon de se con-
« noître tel qu'on est, quand même il n'y auroit que
« cet avantage de n'être point trompé dans la con-
« noissance qu'on peut avoir de soi-même.

« Quoi qu'il en soit, il y a tant d'esprit dans cet
« ouvrage et une si grande pénétration pour con-
« noître le véritable état de l'homme, à ne regarder
« que sa nature, que toutes les personnes de bon sens
« y trouveront une infinité de choses qu'*ils* (sic) au-
« roient peut-être ignorées toute leur vie, si cet au-
« teur ne les avoit tirées du chaos du cœur de l'homme
« pour les mettre dans un jour où quasi tout le
« monde peut les voir et les comprendre sans peine. »

En envoyant ce projet d'article à M. de La Rochefoucauld, madame de Sablé y joignait le petit billet
suivant, daté du 18 février 1665 :

« Je vous envoie ce que j'ai pu tirer de ma tête
« pour mettre dans le *Journal des Savants*. J'y ai
« mis cet endroit qui vous est si sensible..., et je
« n'ai pas craint de le mettre parce que je suis assurée
« que vous ne le ferez pas imprimer quand même le
« reste vous plairoit. Je vous assure aussi que je vous
« serai plus obligée, si vous en usez comme d'une
« chose qui seroit à vous, en le corrigeant ou en
« le jetant au feu, que si vous lui faisiez un honneur
« qu'il ne mérite pas. Nous autres grands auteurs
« sommes trop riches pour craindre de rien perdre
« de nos productions... »

Notons bien tout ceci : madame de Sablé dévote, qui, depuis des années, a pris un logement au faubourg Saint-Jacques, rue de la Bourbe, dans les bâtiments de Port-Royal de Paris ; madame de Sablé, tout occupée, en ce temps-là même, des persécutions qu'on fait subir à ses amis les religieuses et les solitaires, n'est pas moins très-présente aux soins du monde, aux affaires du bel-esprit ; ces *Maximes*, qu'elles a connues d'avance, qu'elle a fait copier, qu'elle a prêtées sous main à une quantité de personnes et avec toutes sortes de mystères, sur lesquelles elle a ramassé pour l'auteur les divers jugements de la société, elle va les aider dans un journal devant le public, et elle en *travaille* le succès. Et d'autre part, M. de La Rochefoucauld, qui craint sur toutes choses de faire l'auteur, qui laisse dire de lui, dans le *Discours* en tête de son livre, « qu'il n'auroit pas moins de chagrin de savoir que ses *Maximes* sont devenues publiques, qu'il en eut lorsque les *Mémoires* qu'on lui attribue furent imprimés ; » M. de La Rochefoucauld, qui a tant médit de l'homme, va revoir lui-même son éloge pour un journal ; il va ôter juste ce qui lui en déplaît. L'article, en effet, fut inséré dans le *Journal des Sa-*

vants du 9 mars; et, si on le compare avec le projet [1], l'endroit que madame de Sablé appelait *sensible* y a disparu. Plus rien de ce second paragraphe :
« Les uns croient que c'est outrager les hommes, etc. »
Après la fin du premier, où il est question des *jugements bien différents* qu'on a faits du livre, on
saute tout de suite au troisième, en ces termes :
« L'on peut dire néanmoins que ce traité est fort
utile, parce qu'il découvre, etc., etc. » Les autres
petits changements ne sont que de style. M. de La
Rochefoucauld laissa donc tout subsister, excepté le
paragraphe moins agréable. Le premier journal littéraire qui ait paru ne paraissait encore que depuis
trois mois, et déjà on y arrangeait soi-même son
article. Les journaux se perfectionnant, l'abbé Prévost et Walter Scott y écriront le leur tout au long.

La part que madame de Sablé eut dans la composition et la publication des *Maximes*, ce rôle d'amie
moraliste et un peu littéraire qu'elle remplit durant
ces années essentielles auprès de l'auteur, donnerait
ici le droit de parler d'elle plus à fond, si ce n'était

---

[1] C'est ce que n'a pas fait Petitot, qui a donné, dans sa notice
sur La Rochefoucauld, le projet d'article comme étant l'article
même; il n'en a pas tiré parti.

du côté de Port-Royal qu'il nous convient surtout de l'étudier : esprit charmant, coquet, pourtant solide ; femme rare, malgré des ridicules, à qui Arnauld envoyait le Discours manuscrit de la *Logique* en lui disant : « Ce ne sont que des personnes comme vous que nous voulons en avoir pour juges ; » et à qui presque en même temps M. de La Rochefoucauld écrivait : « Vous savez que je ne crois que vous sur de certains chapitres, et surtout sur les replis du cœur. » Elle forme comme le vrai lien entre La Rochefoucauld et Nicole.

Je ne dirai qu'un mot de ses *Maximes* à elle, car elles sont imprimées ; elles peuvent servir à mesurer et à réduire ce qui lui revient dans celles de son illustre ami. Elle fut conseillère, mais pas autre chose. La Rochefoucauld reste l'auteur tout entier de son œuvre. Dans les quatre-vingt-une pensées que je lis sous le nom de madame de Sablé, j'en pourrais à peine citer une qui ait du relief et du tour. Le fond en est de morale chrétienne ou de pure civilité et usage de monde ; mais la forme surtout fait défaut ; elle est longue, traînante ; rien ne se termine ni ne se grave. La simple comparaison fait mieux com-prendre à quel point (ce à quoi autrement on ne songe guère) La Rochefoucauld est un *écrivain*.

Madame de La Fayette, dont il est très-peu question jusque-là dans la vie de M. de La Rochefoucauld, y intervient d'une manière intime aussitôt après les *Maximes* publiées, et s'applique en quelque sorte à les corriger dans son cœur. Leurs deux existences, dès lors, ne se séparent plus. J'ai raconté, en parlant d'elle, les douceurs graves et les afflictions tendrement consolées de ces quinze dernières années. La fortune, en même temps que l'amitié, semblait sourire enfin à M. de La Rochefoucauld; il avait la gloire; la faveur de son heureux fils le relevait à la cour et même l'y ramenait : il y avait des moments où il ne bougeait de Versailles, retenu par ce roi dont il avait si peu ménagé l'enfance. Les joies, les peines de famille le trouvaient incomparable. Sa mère ne mourut qu'en 1672 : « Je l'en ai vu pleurer, écrit madame de Sévigné, avec une tendresse qui me le faisoit adorer. » Sa grande douleur, on le sait, fut à ce *coup de grêle* du passage du Rhin. Il y eut un de ses fils tué, et l'autre blessé. Mais le jeune duc de Longueville, qui fut des victimes, né durant la première guerre de Paris, lui était plus cher que tout. Il avait fait son entrée dans le monde, vers 1666, à peu près l'année des *Maximes* ; le livre chagriné et la jeune espérance, ces deux enfants de la Fronde ! Dans la lettre si connue où elle raconte l'effet de cette mort sur madame de Longueville, madame de Sévigné ajoute aussitôt : « Il y a un homme dans le monde qui n'est guère moins touché ; j'ai dans la tête que, s'ils s'étoient rencontrés tous deux dans ces premiers moments, et qu'il n'y eût eu personne avec eux, tous les autres sentiments auroient fait place à des cris et à des larmes que l'on auroit redoublés de bon cœur : c'est une vision. »

Jamais mort, au dire de tous les contemporains, n'a peut-être tant fait verser de larmes et de belles larmes que celle-là. Dans sa chambre de l'hôtel Liancourt, à un dessus de porte, M. de La Rochefoucauld avait un portrait du jeune prince. Un jour, peu de temps après la fatale nouvelle, la belle duchesse de Brissac, qui venait en visite, entrant par la porte opposée à celle du portrait, recula tout d'un coup, puis, après être demeurée un moment comme immobile, elle fit une petite révérence à la compagnie, et sortit sans dire une parole. La seule vue inopinée du portrait avait réveillé toutes ses douleurs, et, n'étant plus maîtresse d'elle-même, elle n'avait pu que se retirer[1]

Dans ses soins et ses conseils autour des gracieuse ardeurs de la princesse de Clèves et de M. de Nemours M. de La Rochefoucauld songeait sans doute à cett fleur de jeunesse moissonnée, et il retrouvait à so tour à travers une larme quelque chose du portrai non imaginaire. Et même sans cela, le front du mo raliste vieilli, qu'on voit se pencher avec amour su ces êtres romanesques si charmants, est plus fai pour toucher que pour surprendre. Lorsqu'au fon l'esprit est droit et le cœur bon, après bien de efforts dans le goût, on revient au simple; après bie des écarts dans la morale, on revient au virgina amour, au moins pour le contempler.

C'est à madame de Sévigné encore qu'il faut de mander le récit de sa dernière maladie et de ses su prêmes moments; ses douleurs, l'affliction de tous, sa constance : il regarda *fixement* la mort[2]. Il mourut

---

[1] Voir tout le récit dans les *Mémoires* de l'abbé Arnauld, à l'année 1672.

[2] Dans l'ode sérieuse qu'elle lui adresse, madame Des Hou-lières, lui parlant de la mort en des termes virils, avait dit :

> Oui, soyez alors plus ferme
> Que ces vulgaires humains
> Qui près de leur dernier terme
> De vaines terreurs sont pleins.

le 17 mars 1680, avant ses soixante-sept ans accomplis. C'est Bossuet qui l'assista aux derniers moments,
et M. de Beausset en a tiré quelque induction religieuse bien naturelle en pareil cas. M. Vinet semble
moins convaincu ; on fera, dit-il, ce qu'on voudra de
ces passages de madame de Sévigné, témoin de ses
derniers moments : « Je crains bien pour cette fois
que nous ne perdions M. de La Rochefoucauld ; sa
fièvre a continué, il reçut hier Notre-Seigneur :
mais son état est une chose digne d'admiration. Il
est fort bien disposé pour sa conscience, *voilà qui
est fait...* Croyez-moi, ma fille, ce n'est pas inuti-
lement qu'il a fait des réflexions toute sa vie ; il s'est
approché de telle sorte de ses derniers moments
qu'ils n'ont rien de nouveau ni d'étranger pour lui. »
Il est permis de conclure de ces paroles, ajoute
M. Vinet, qu'il mourut, comme on l'a dit plus tard,
avec bienséance.

On a rassemblé dans les pages suivantes un certain

> En sage que rien n'offense,
> Livrez-vous sans résistance
> A d'inévitables traits ;
> Et d'une démarche égale
> Passez cette onde fatale
> Qu'on ne repasse jamais.

nombre de pensées qui ont paru plus ou moins ana-
logues de forme ou d'esprit aux *Maximes*. Si, au
premier vent qu'on en eut, l'envie en prenait *comme
un rhume* vers 1665, rien d'étonnant que nous
l'ayons gagnée à notre tour par un long commerce
avec le livre trop relu. Il faut y voir surtout un
dernier hommage à l'auteur, et même d'autant plus
grand qu'on aura moins réussi.

I.

Dans la jeunesse les pensées me venaient en sonnets, maintenant c'est en maximes.

II.

En entrant au bal masqué, tout paraît nouveau ;
mais il vient un moment où l'on peut dire à toute
cette bigarrure : *Beau masque, je te connais !*

III.

La vanité dans l'homme est comme du vif-argent :
chez les uns en masse, en globules chez d'autres.
Quelques-uns se flattent de la détruire. Dès qu'ils
voient le moindre globule, ils y mettent le doigt et

le réduisent en parcelles : mais il y a toujours le
même poids et la même quantité.

IV.

Les humeurs et les mœurs sont diverses ; mais
elles rentrent toutes dans une certaine quantité de
formes qui se reproduisent invariablement.

V.

L'étude de la nature humaine est infinie : au moment où l'on croit la tenir et se pouvoir reposer un
peu, elle échappe, et c'est à recommencer.

VI.

Nos opinions en tout résultent de la nature indi-
viduelle de notre esprit bien plus que des choses.

VII.

L'infirmité de l'esprit humain est telle que les
impressions reçues des mêmes objets diffèrent selon
les personnes, selon les âges et les moments : la
forme ou le fond du vase fait la couleur de l'eau.

VIII.

Si nous serrions bien de près notre persuasion la plus chère, nous verrions que ce que nous appelons plus ou moins *folie* dans les autres, c'est tout ce qui n'est pas purement et simplement notre pensée propre et elle seule, tout ce qui n'est pas *moi* : *fou*, c'est le synonyme intime de *toi*.

IX.

En vain on tirerait argument, pour la vérité d'une idée, de son triomphe comme merveilleux sur la terre : il faut bien en définitive que quelque chose triomphe en ce monde, et, comme l'homme n'est pas nécessairement sage, il y a toute chance pour que ce quelque chose soit une folie.

X.

En avançant dans la vie, il en est déjà des pensées de la plupart des hommes comme il en sera bientôt de leurs corps, qui tous iront en poussière aux mêmes éléments. Quelle que soit la diversité des points de départ, les esprits capables de mûrir arri-

vent, plus qu'on ne croit, aux mêmes résultats ;
mais les rôles sont pris, les apparences demeurent,
et le secret est bien gardé.

XI.

Il me semble parfois que, dans le système d'équité de
la nature inexorable, presque chaque homme ici-bas,
malgré l'apparente inégalité des lots, obtient au fond
sa part à peu près équivalente de bonheur et de malheur ; et qu'aussi, faut-il le dire ? chaque âme atteint,
en avançant, à tout le *gâté* dont elle est capable.

XII.

Le moment est dur où l'on s'aperçoit clairement
qu'on n'a pas fait son chemin dans le monde à cause
d'une qualité ou d'une vertu. Mais prenez garde :
l'irritation qui en résulte, si elle se prolonge, vaut
à elle seule ce mal qui révolte, et l'opère en
vous.

XIII.

Par un sens profond, le mot *innocence*, qui litté-
ralement veut dire qu'on ne *fait* pas le mal, signifie

qu'on ne le *sait* pas. Savoir le mal, si l'on n'y veille aussitôt, c'est le faire.

XIV.

L'expérience est utile, elle est féconde; oui, mais comme un fumier qui aide à pousser des blés et des fleurs. Mon étable, hélas! en est remplie. Ah! qu'un peu mieux valait cet âge où la terre facile donnait tout d'elle-même :

> . . . . Tibi dædala Tellus
> Submittit flores. . . . . !

XV.

Il y en a qui, pour avoir trop fait, chaque matin et chaque soir, le tour extérieur du Palais-Royal dans les infections et les boues, ne savent plus jouir d'une heure de soleil dans la belle allée.

XVI.

Combien de gens meurent avant d'avoir fait le tour d'eux-mêmes !

XVII.

Il faut un peu d'illusion au train de la vie : quand

on en sait trop le fin mot, la nature vous retire, parce que rien qu'à le regarder d'un certain air, on empêcherait le drame d'aller.

XVIII.

Si l'on se mettait à se dire tout haut les vérités, la société ne tiendrait pas un instant ; elle croulerait de fond en comble avec un épouvantable fracas, comme ces galeries souterraines des mines ou ces passages périlleux des montagnes, dans lesquels il ne faut pas, dit-on, élever la voix.

XIX.

Une chose des plus faites pour étonner, c'est lorsque, venant à retrancher tout ce qui n'est que bonne éducation, bonnes intentions, bonnes manières, jugements appris, on découvre un matin combien de gens au fond sont bêtes.

Ce n'est pas là le contraire, c'est le correctif de ce qu'a dit Pascal, qu'à mesure qu'on a plus d'esprit, on trouve qu'il y a plus d'hommes originaux.

XX.

La plupart des défauts qui éclatent dans la seconde

moitié de la vie existaient en nous tout formés bien auparavant ; mais ils étaient masqués, en quelque sorte, par la pudeur de la jeunesse. On n'osait pas être tout à fait soi-même ; on avait égard aux autres. La rudesse venant, tout se découvre.

J'oserai dire aussi que ces défauts étaient masqués à nous-mêmes et ajournés par les distractions du bel-âge : ces gracieux plaisirs cessant, les laideurs commencent.

Chez un petit nombre ce sont des vertus qui, dérobées un moment par la poussière du char, reparaissent.

XXI.

Certaines âmes, après s'être saturées en leur temps du mal qu'elles goûtaient, redeviennent inoffensives en vieillissant et presque bonnes.

XXII.

A un certain âge tout l'art du bonheur, si cela méritait encore ce nom, serait de pouvoir s'isoler à point des hommes.

XXIII.

Quel est donc le mystère de la vie? elle devient plus difficile et on la sent qui se complique davantage, à mesure qu'elle avance et qu'elle se dénue.

XXIV.

Jeunes, nous aimons, nous admirons à chaque pas ; nous croyons aimer les autres : c'est notre jeunesse que nous aimons en eux.

— Mais quelques-uns, après la jeunesse, continuent d'admirer et d'aimer. — Heureuses natures ! c'est leur jeunesse d'âme prolongée, c'est leur belle humeur heureuse et leur vive source de joie naturelle qu'ils continuent d'aimer autour d'eux.

XXV.

Il est des hommes qui mènent un tel deuil dans leur cœur de la perte de la jeunesse que leur amabilité n'y survit pas.

XXVI.

Les lieux les plus vantés de la terre sont tristes et

désenchantés lorsqu'on n'y porte plus ses espérances.

XXVII.

Il en est des lieux comme des œuvres des hommes :
quand une fois leur réputation est faite, chacun y
passe à son tour et les admire ; si elle était à faire,
bien d'autres qui sont sans nom pourraient concou-
rir avec eux.

Des lieux cités, la moitié est à rabattre, une moitié
seule reste divine.

XXVIII.

Le souvenir est comme une plante qu'il faut avoir
plantée de bonne heure ensemble ; sans quoi elle ne
s'enracine pas.

XXIX.

Dans l'amour même, à le prendre au vrai, et si
quelque vanité étrangère ne s'y mêle, on est beaucoup plus sensible à ce qu'on y porte qu'à ce qu'on y
trouve. De là vient qu'à l'instant où l'on sent qu'on y
porte moins, on s'en dégoûte souvent avec un cœur
fier, et qu'on résiste si aisément à celui qu'on inspire.

XXX.

Il y a assez de variété dans les choses pour que chaque esprit juste, à son jour et selon son humeur, puisse y prendre sa part, paraître se contredire et avoir raison.

XXXI.

En appréciant La Rochefoucauld , on ne doit pas oublier ceci :

Tous ceux qui ont mal usé de leur jeunesse, ont intérêt à ce que ce soit une duperie que les hautes pensées de la jeunesse.

Il est vrai que, de leur côté, ceux qui en ont bien usé, c'est-à-dire sobrement , ont intérêt à ne pas perdre le fruit de leur économie.

XXXII.

Si l'on se demandait à quelle occasion particulière on a commencé à lire dans tel ou tel cœur, on trouverait que c'est presque toujours en une circonstance intéressée où l'amour-propre en éveil est devenu perçant ; mais il n'importe avec quelle vrille on ait fait le trou à la cloison, pourvu qu'on voie.

XXXIII.

Montesquieu a dit des *Maximes* de La Rochefoucauld : « Ce sont les proverbes des gens d'esprit. »
Et Voltaire : « C'est moins un livre que des maté-
riaux pour orner un livre. » Ce sont des pierres
fines gravées qu'on enchâsse ensuite dans le discours.

XXXIV.

Les proverbes de Franklin sont des grains de
pur froment à mettre en terre et qui fructifieront.

XXXV.

Il n'y a pas un seul nom propre dans les *Maximes*
de La Rochefoucauld; pour un penseur de cette condition, c'eût été déroger.

XXXVI.

Il y a cela de singulier dans certaines *Maximes*
de La Rochefoucauld, qu'on peut les retourner et
avoir un sens tout aussi juste ou piquant. Il dit :

« Nous n'avons pas assez de force pour suivre toute notre raison. » Ce que madame de Grignan retournait ainsi : « Nous n'avons pas assez de raison pour employer toute notre force. » Il dit : « On pardonne tant que l'on aime. » On pourrait dire aussi bien : « On ne pardonne pas tant que l'on aime. » Hermione s'écrie :

Ah! je l'ai trop aimé pour ne le point haïr !

Au reste cette contradiction possible à l'égard des *Maximes* en justifie, s'il se peut, l'esprit ; elle ne fait que mieux trahir la contradiction même du cœur.

XXXVII.

Une grande partie des qualités du style, chez tel auteur brillant, tient à un défaut du caractère. L'inquiétude chatouilleuse où il est de chacun, le force de s'ingénier aux nuances : plus calme, il ferait moins.

XXXVIII.

Il y a une certaine forme et comme un certain

costume des idées contemporaines de notre jeunesse, qui s'efface plus ou moins en vivant et en causant, mais qui reparaît sitôt que nous écrivons : cela nous date plus que tout.

XXXIX.

Le poëte, l'artiste, l'écrivain n'est trop souvent que celui qui sait rendre : il ne garde rien.

XL.

Il y a des jours où l'esprit s'éveille **au matin**, l'épée hors du fourreau, et voudrait tout saccager.

XLI.

Aimez-le, admirez-le, couronnez-le ! mais pensez, comme Platon, du poëte. Il jouerait à tout instant et sa vie et l'univers pour une imagination, pour un caprice, pour l'éclair d'un désir.

XLII.

Le degré où l'ennui prend est l'indice le plus direct peut-être de la qualité de l'esprit. Ceux qui s'ennuient vite sont délicats, mais légers. Ceux qui ne s'ennuient pas aisément sont vite ennuyeux. Ceux qui, tout en ressentant l'ennui, le supportent trop longtemps, finissent par s'en imbiber et l'exhaler.

Ceux pour qui l'ennui est un charme sont amoureux ou poëtes : la rêverie du poëte, c'est *l'ennui enchanté*.

XLIII.

Un peu de sottise avec beaucoup de mérite ne nuit pas : cela fait levain.

XLIV.

A la philosophie du XVIIIe siècle, qui préconisait la nature de l'homme, a succédé le gouvernement parlementaire, qui lui fait des compliments soir et matin : comment ne serait-il pas gâté?

XLV.

A tous ces édifices fantastiques, à ces façades de palais enchantés que nos philosophes construisent au plus grand honneur et bonheur de l'homme, je lis toujours cette ironique inscription tirée du plus pieux des poëtes : *Mortalibus ægris !*

XLVI.

On a beaucoup parlé de la folie de vingt ans, il y a celle de trente-cinq, qui n'est pas moins particulière ni moins fréquente : Alceste après Werther. Rousseau n'a écrit qu'après cette seconde folie et a continuellement mêlé les deux en un même reflet.

La Rochefoucauld l'a dit : En vieillissant on devient plus fou et plus sage.

Si quelqu'une des précédentes maximes choquait trop, je me promets bien de ne pas tarder à la réfuter.

15 janvier 1840.

MADAME DE LONGUEVILLE.

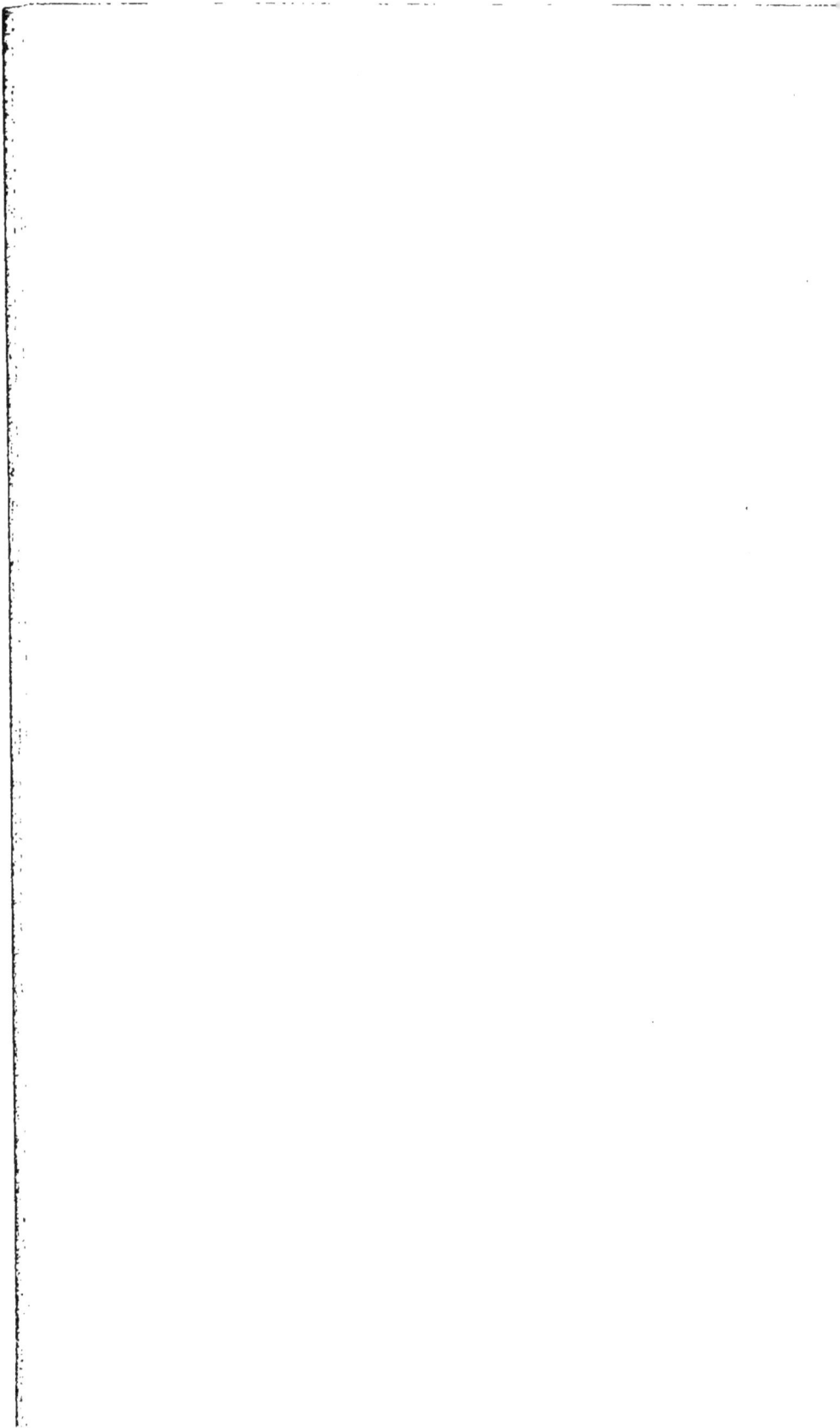

MADAME DE LONGUEVILLE.

Les noms de madame de La Fayette et de M. de La Rochefoucauld, auxquels on s'est précédemment arrêté, semblent en appeler un autre, lié naturellement au leur par toutes sortes de relations attrayantes, de convenances et de réverbérations plus ou moins mystérieuses : madame de Longueville, dans sa délicate puissance, est encore à peindre. Sa

vie, qui s'est partagée en deux moitiés contraires,
l'une d'ambition et de galanterie, l'autre de dévotion
et de pénitence, n'a trouvé le plus souvent que des
témoins trop préoccupés d'un seul aspect. Madame
de Sévigné seule, dans une lettre célèbre, a éclairé
l'ensemble du portrait au plus pathétique moment.
Pour nous, à qui une rencontre inévitable l'a offerte,
pour ainsi dire, au milieu et au cœur d'un sujet
que nous traitions, il nous a été donné de la suivre,
et nous avons eu comme l'honneur de la fréquenter
en des heures de retraite et à travers ses dispositions
les plus cachées. Elle nous apparaissait la plus
illustre pénitente et protectrice de Port-Royal durant
des années; c'est d'elle et de sa présence en ce monastère que dépendit uniquement, vers la fin, l'observation de la *paix de l'église;* c'est sa mort qui la
rompit. Sans prétendre retracer une vie si diverse et
si fuyante, il y a eu devoir et plaisir pour nous à
bien saisir du moins cette physionomie à laquelle
s'attache un enchantement immortel, et qui, même
sous ses voiles redoublés, nous venait sourire du
fond de notre cadre austère. Nous l'en détachons
pour la donner ici.

Mademoiselle Anne-Geneviève de Bourbon, fille

d'une mère bien belle [1], et dont la beauté, si fort
convoitée par Henri IV, avait failli susciter aussi bien
des guerres, parut très-jeune à la cour, et y apporta,
près de madame la Princesse, encore hautement
brillante, « les premiers charmes de cet angélique
visage qui depuis a eu tant d'éclat, et dont l'éclat a
été suivi de tant d'événements fâcheux et de souffrances salutaires [2]. »

Ses plus tendres pensées pourtant furent à la dévotion ; sa fin ne fit que réaliser et ressaisir les rêves
mystiques de son enfance. Elle accompagnait souvent
madame la Princesse aux Carmélites du faubourg
Saint-Jacques ; elle y passait de longues heures, qui
se peignirent d'un cercle idéal en son imagination
d'azur, et qui se retrouvèrent tout au vif dans la
suite après que le tourbillon fut dissipé. Elle avait
treize ans (1652) quand son oncle Montmorency fut
immolé à Toulouse aux vengeances et à la politique
du Cardinal ; cette jeune nièce, frappée dans sa
fierté comme dans sa tendresse d'un coup si sensible, eût volontiers imité l'auguste veuve, et voué
dès lors son deuil à la perpétuité monastique. Cepen-

[1] Charlotte de Montmorency, princesse de Condé.
[2] Expressions de madame de Motteville.

dant sa mère commençait à craindre trop de penchan
en elle vers les bonnes carmélites ; elle croyait trou
ver que ce blond et angélique visage ne s'apprêtai
pas à sourire assez au monde brillant qui l'alla
juger sur les premiers pas. A quoi mademoiselle d
Bourbon répondait avec une flatterie instinctive qu
démentait déjà les craintes : « Vous avez, Madame
des grâces si touchantes que comme je ne vais qu'ave
vous et ne parais qu'après vous, on ne m'en trouv
point [1]. » Le tour de l'esprit de madame de Longue
ville perce d'abord dans ce mot-là.

On raconte que, lorsqu'il s'agit du premier ba
où mademoiselle de Bourbon dut aller pour obéir
sa mère, ce fut chez les carmélites un grand conseil
il fut décidé, pour tout concilier, qu'avant d'affron
ter le péril, elle s'armerait en secret, sous sa parure
d'une petite cuirasse appelée cilice. Cela fait, ou
crut avoir pourvu à tout, et mademoiselle de Bour
bon ne s'occupa plus qu'à être belle. A peine entré
au bal, ce fut autour d'elle un murmure universe
d'admiration et de louanges ; son sourire, dont s
mère avait un instant douté, y répondit et ne cess

---

[1] J'emprunte beaucoup pour ces commencements à *la véritable Vie* de la duchesse de Longueville, par Villefore (1759).

plus. Délicieux ravage ! le cilice à l'instant s'émoussa, et, à partir de ce jour, les bonnes carmélites eurent tort.

Elle y pensa pourtant encore par intervalles ; dans ses plus grandes dissipations, elle entretenait de ce côté quelque commerce de lettres ; elle leur écrivait à chaque assaut, à chaque douleur ; elle leur revint à la fin, et se partagea entre elles et Port-Royal. Elle était chez ces mêmes carmélites du faubourg Saint-Jacques, lorsqu'elle mourut ; elle y était lorsque madame de La Vallière y entra, et, parmi les assistants touchés, on put la remarquer pour l'abondance de ses larmes. La vie de madame de Longueville a de ces symétries harmonieuses, de ces accords et de ces retours qui la font aisément poétique, et auxquels l'imagination, malgré tout, se laisse ravir. C'est ainsi (j'ai omis de le dire) qu'elle était née au château de Vincennes, durant la prison du prince de Condé son père (1619), à ce Vincennes où son frère le grand Condé, captif, cultivera des œillets un jour, à ce Vincennes de saint Louis, destiné à porter au front, dans l'avenir, l'éclaboussure du sang du dernier Condé.

Elle fréquenta beaucoup, avec le duc d'Enghien,

l'hôtel de Rambouillet, alors dans sa primeur,
l'on a des lettres à elle de M. Godeau, évêque
Grasse, qui sont toutes pleines de myrtes et de ros
Ce genre d'influence fut sérieux sur elle, et
pensée, même repentante, s'en ressentira toujou
A cette époque et avant que la politique s'en mêl
elle et son frère, et cette jeune cabale, déjà décid
à l'être, ne songeaient encore, est-il dit [1], qu'à fai
briller leur esprit dans des conversations galantes
enjouées, qu'à commenter et raffiner à perte de v
sur les délicatesses du cœur. Il n'y avait pour e
d'honnêtes gens qu'à ce prix-là. Tout ce qui avait
air de conversation solide leur semblait grossie
vulgaire. C'était une résolution et une gageure d'êt
distingué, comme on aurait dit soixante ans pl
tard, d'être *supérieur*, comme on dirait aujou
d'hui : on disait alors *précieux*.

Mademoiselle de Bourbon avait vingt-trois a
(1642), lorsqu'on la maria au duc de Longueville
âgé de quarante-sept ans, déjà veuf d'une princess
de plus de vertu que d'esprit, que j'ai montre
ailleurs [2] très-liée avec les Mères de Port-Roy

[1] Mémoires de madame de Nemours.
[2] *Port-Royal*, tom. I, pag. 341.

durant l'époque dite de *l'Institut du Saint-Sacrement* et dans la période de M. Zamet; il en avait une fille déjà âgée de dix-sept ans, qui, avant d'être duchesse de Nemours, resta longtemps auprès de sa jeune belle-mère, nota tous ses écarts, et finalement, en ses *Mémoires*, ne lui fit grâce d'aucun.

Le duc de Longueville pouvait passer pour le plus grand seigneur de France, mais il ne venait qu'après les princes du sang; c'était un peu descendre pour mademoiselle de Bourbon. Son père, M. le Prince, l'avait forcée à ce mariage; elle fit bonne contenance. Dès les premiers temps, un grand éclat vint irriter à la fois et flatter sa passion glorieuse, et donner jour aux vanités de son cœur.

M. de Longueville, outre la disproportion de son âge, avait le tort de paraître aimer madame de Monbazon; les deux rivales n'eurent pas de peine à se haïr. Un jour qu'il y avait cercle chez madame de Monbazon, quelqu'un ramassa une lettre perdue, sans adresse ni signature, mais qui semblait d'une main de femme écrivant tendrement à quelqu'un qu'on ne haïssait pas. On lut et relut la lettre, on chercha à deviner, on décida bientôt qu'elle devait être de la duchesse de Longueville, et qu'elle était

tombée à coup sûr de la poche du comte de Coligny
qui venait de sortir. Il paraît bien réellement qu'à
dessein ou non, on se trompait. Cette atteinte étai
la première qu'on eût encore portée à la vertu de la
jeune duchesse. On redit le malin propos sans trop
y croire. Au premier bruit qui en vint aux oreilles
de l'offensée, celle-ci, qui savait que l'histoire étai
fausse, mais qui se réservait tout bas peut-être de la
rendre vraie, crut qu'il était mieux de se taire. Madame la Princesse sa mère ne le souffrit pas, et pri
la chose du ton d'une personne toute fière d'être entrée dans la maison de Bourbon; elle exigea des ré-
parations solennelles. Sa plainte devint une affaire
d'état. On était alors dans la première année de la
régence; Mazarin essayait son pouvoir, et ce fut pour
lui la première occasion de démêler les intrigues de
cour, de mettre de côté les amis de madame de Monbazon, Beaufort et les *importants* : madame de Motteville déduit tout cela en perfection.

La rédaction des paroles d'excuse fut débattue e
arrêtée dans le petit cabinet du Louvre, en présence
de la reine; on les écrivit sur les tablettes même du
cardinal, qui faisait son jeu sous cette comédie. Puis
on les copia sur un petit papier que madame de

Monbazon attacha à son éventail. Elle se rendit à heure fixe chez madame la Princesse, et lut le papier, mais d'un ton fier et qui semblait dire : *Je m'en moque*. A peu de temps de là, Coligny, par suite de cette prétendue lettre, *appelait* le duc de Guise, qui tenait pour madame de Monbazon ; ils se battirent sur la Place-Royale. Coligny reçut une blessure, dont il mourut, et on assura que madame de Longueville était cachée derrière une fenêtre, à voir le combat. Au moins tout ce bruit pour elle l'avait charmée : c'était l'hôtel de Rambouillet en action. Coligny y allait trouver son compte, s'il avait vécu.

Est-ce avant ou après cette aventure que madame de Longueville fut atteinte de la petite-vérole ? Ce fut probablement un peu avant ; elle l'eut l'année même de son mariage, et sa beauté s'en tira sans trop d'échec ; l'éclipse fut des plus passagères. « Pour ce qui regarde madame de Longueville, dit Retz, la petite-vérole lui avoit ôté la première fleur de sa beauté ; mais elle lui en avoit laissé presque tout l'éclat, et cet éclat, joint à sa qualité, à son esprit, et à sa langueur qui avoit en elle un charme particulier, la rendoit une des plus aimables personnes de France. » M. de Grasse se croyait plus fidèle à son caractère d'évêque en lui écrivant, dès qu'elle fut rétablie : « Je loue Dieu de ce qu'il a conservé votre vie.... Pour votre visage, un autre que moi se réjouira avec plus de bienséance qu'il n'est pas gâté. *Mademoiselle Paulet me le manda.* J'ai si bonne opinion de votre sagesse, que je crois que vous eussiez été bien aisément consolée si votre mal y eût laissé des marques. Elles sont souvent des caractères qu'y grave la divine Miséricorde, pour faire lire aux personnes qui ont trop aimé leur teint que c'est une fleur sujette à se flétrir devant que d'être épanouie, et qui, par conséquent, ne mérite pas qu'on la mette au rang des choses que l'on peut aimer. » Le courtois évêque ne s'étend si complaisamment sur ces traces miséricordieuses au visage, que parce qu'il est sûr par mademoiselle Paulet qu'il n'y en a point.

Madame de Motteville va plus loin ; elle nous décrit, même après cet accident, cette beauté qui consistait plus dans certaines nuances incomparables du teint [1] que dans la perfection des traits, ces yeux moins grands que doux et brillants, d'un bleu admi-

---

[1] . . . . Glyceræ nitor,...
Et vultus nimium lubricus aspici.
(HORACE, Odes, 1, XIX.)

rable, *pareil à celui des turquoises*; et les cheveux blonds argentés, qui accompagnaient à profusion ces merveilles, semblaient d'un ange. Avec cela une taille accomplie, ce je ne sais quoi qui s'appelait bon air, air galant, dans toute la personne, et de tout point une façon suprême. Personne, en l'approchant, n'échappait au désir de lui plaire; son agrément irrésistible s'étendait jusque sur les femmes [1].

Le duc de Longueville, tout descendant de Dunois qu'il était, avait en lui peu de chevaleresque; c'était un grand seigneur magnifique et pacifique, sans humeur, assez habile dans les négociations autant qu'un indécis peut l'être. On l'envoya pour suivre celles de Munster; madame de Longueville ne l'y alla rejoindre qu'au bout de deux ans (1646), et lorsque déjà le prince de Marsillac avait fait sur elle une impression qu'il avait également reçue.

Le monde diplomatique et les honneurs dont elle fut l'objet la laissèrent nonchalante et assez rêveuse;

---

[1] Après ces témoignages d'une personne aussi véridique que madame de Motteville, et d'un connaisseur désintéressé ici comme Retz, je n'ai garde d'aller demander à cette méchante langue et à ce fou de Brienne quelques détails moins enchanteurs sur une telle beauté, détails suspects et qui ne se rapporteraient d'ailleurs qu'à l'époque déclinante. Ce qui est certain de madame de Longueville, c'est que, sans posséder peut-être de certains attraits complets, elle sut avoir toute la grâce.

elle en pensait volontiers ce qu'elle dit un jour en bâillant de *la Pucelle* de Chapelain, qu'on lui voulait faire admirer : *Oui, c'est bien beau, mais c'est bien ennuyeux.* — « Ne vaut-il pas mieux, madame, lui écrivait durant ce temps le soigneux M. de Grasse, que vous reveniez à l'hôtel de Longueville, où vous êtes encore plus plénipotentiaire qu'à Munster ? Chacun vous y souhaite cet hiver. Monseigneur votre frère est revenu chargé de palmes ; revenez couverte des myrtes de la paix : car il me semble que ce n'est pas assez pour vous que des branches d'olivier. » Elle reparut en effet à Paris en mai 1647. Cette année d'absence avait encore renchéri son prix ; le retour mit le comble à son succès. Tous les désirs la cherchèrent. Sa ruelle, est-il dit, devint le théâtre des beaux discours, du fameux duel des deux sonnets, et aussi de préludes plus graves. Pour parler le langage de M. Godeau, les myrtes commençaient à cacher des glaives.

Son frère le victorieux, jusque-là si uni à ses sentiments, peu à peu s'en sépare ; elle s'en irrite. Son autre frère, le prince de Conti, s'enchaîne de plus en plus à elle. Marsillac saisit décidément le gouvernail de son cœur.

Suivre la vie de madame de Longueville à cette époque, dans les rivalités commençantes, dans les intrigues et bientôt les guerres de la Fronde, ce serait se condamner (chose agréable d'ailleurs) à émietter les mémoires du temps ; ce serait surtout vouloir enregistrer tous les caprices d'une âme ambitieuse et tendre, où l'esprit et le cœur sont dupes sans cesse l'un de l'autre ; ce serait prétendre suivre pas à pas l'écume légère, la risée des flots :

In vento et rapidâ scribere oportet aquâ [1].

Attachons-nous au caractère. La Rochefoucauld, qui eut plus que personne qualité pour la juger, nous a dit déjà, et je répète ici ce passage trop essentiel au portrait de madame de Longueville pour ne pas être rappelé : « Cette princesse avoit tous les avantages de l'esprit et de la beauté en si haut point et avec tant d'agrément, qu'il sembloit que la nature avoit pris plaisir de former en sa personne un ouvrage parfait et achevé ; mais ces belles qualités étoient moins brillantes à cause d'une tache qui ne

---

[1] Quatre livres de Mémoires bien lus suffisent, Retz et La Rochefoucauld, mesdames de Motteville et Nemours.

s'est jamais vue en une personne de ce mérite, qui est que, bien loin de donner la loi à ceux qui avoient une particulière adoration pour elle, elle se transformoit si fort dans leurs sentiments, qu'elle ne reconnoissoit plus les siens propres. »

La Rochefoucauld ne put d'abord se plaindre de ce défaut, puisqu'il lui dut de la conduire. Ce fut l'amour qui chez elle éveilla l'ambition, mais il l'éveilla si vite, pour ainsi dire, qu'il ne s'en distingua jamais.

Contradiction singulière! plus on considère la politique de madame de Longueville, et plus elle se confond avec son caprice amoureux; mais, si l'on serre de près cet amour lui-même (et plus tard elle nous l'avouera), il semble que ce n'est plus que de l'ambition travestie, un désir de briller encore.

Son caractère manquait donc tout à fait de consistance, de volonté propre. Et son esprit, notons-le bien, si brillant et si fin qu'il fût, n'avait rien qui s'opposât trop directement à ce manque de caractère. On peut voir juste et n'avoir pas la force de faire juste. On peut avoir de la raison dans l'esprit et pas dans la conduite, le caractère entre les deux faisant faute. Mais ici le cas diffère : l'esprit de madame de Longueville n'est pas, avant tout, raisonnable; il est fin,

prompt, subtil, ingénieux, tout en replis; il suit volontiers son caractère, qui lui-même fuit; il brille
volontiers dans les entrecroisements et les détours,
avant de se consumer finalement dans les scrupules. Il y a beaucoup de l'hôtel Rambouillet dans
cet esprit-là.

« L'esprit de la plupart des femmes sert plus à for-
tifier leur folie que leur raison. » C'est encore l'auteur des *Maximes* qui dit cela, et madame de Longueville, avec toutes ses métamorphoses, lui était
certainement présente lorsqu'il l'a dit. Elle, la plus
féminine des femmes, lui put servir du plus bel
abrégé de toutes les autres. Au reste, s'il a observé
évidemment d'après elle, elle aussi semble avoir
conclu d'après lui; l'accord est parfait. La confession
finale de madame de Longueville, que nous lirons,
ne nous paraîtra que la traduction chrétienne des
Maximes.

Retz, moins engagé à ce sujet que La Rochefoucauld, et qui aurait bien voulu l'être autant, a
merveilleusement parlé de madame de Longueville.
C'est l'unique gloire de notre portrait, de rassembler
tous ces traits : « Madame de Longueville a naturellement, dit-il, bien du fond d'esprit, mais elle en

a encore plus le fin et le tour. Sa capacité, qui n'a
pas été aidée par sa paresse, n'est pas allée jusques
aux affaires dans lesquelles la haine contre M. le
Prince l'a portée, et dans lesquelles la galanterie l'a
maintenue. Elle avoit une langueur dans ses manières, qui touchoit plus que le brillant de celles
même qui étoient plus belles ; elle en avoit une
même dans l'esprit qui avoit ses charmes, parce
qu'elle avoit, si l'on peut le dire, des réveils lumineux et surprenants. Elle eût eu peu de défauts, si
la galanterie ne lui en eût donné beaucoup. Comme sa
passion l'obligea de ne mettre la politique qu'en second dans sa conduite, d'héroïne d'un grand parti
elle en devint l'aventurière. La Grâce a rétabli ce
que le monde ne lui pouvoit rendre. »

Autant, dans la Fronde, on voit madame de Longueville supérieure, comme esprit, à madame de
Monbazon, par exemple, ou à mademoiselle de Chevreuse (ce qui est trop peu dire), ou même à Mademoiselle, autant elle reste inférieure à son amie la
princesse Palatine, véritable génie, ferme, ayant
le secret de tous les partis, et les dominant, les
conseillant avec loyauté et sang-froid ; non pas
l'aventurière, elle, mais l'homme d'état de la

Fronde. « Je ne crois pas que la reine Élisabeth ait eu plus de capacité pour conduire un état, » dit Retz.

Pourquoi Bossuet n'a-t-il pas célébré madame de Longueville, comme il a fait cette autre princesse pénitente, dont il prononçait l'oraison funèbre dans l'église de ces mêmes carmélites du faubourg Saint-Jacques ? M. le Prince, qui lui demanda cet éloquent office pour la mémoire de la Palatine, n'eut pas l'idée, à ce qu'il paraît, quelques années auparavant, de lui exprimer le même désir à l'égard de sa sœur. En jugea-t-il l'accomplissement par trop impossible dans cette bouche retentissante ? Les difficultés, en effet, étaient grandes ; la pénitence même de madame de Longueville avait gardé quelque chose de rebelle. Bossuet n'aurait pu dire ici bien haut, comme de la princesse Palatine : « Sa foi ne fut pas moins simple que naïve. Dans les fameuses questions qui ont troublé en tant de manières le repos de nos jours, elle déclaroit hautement qu'elle n'avoit d'autre part à y prendre, que celle d'obéir à l'Église. » Port-Royal eût été un écueil plus périlleux à toucher que la Fronde ; on aurait pu encore, dans l'arrière-fond, faire, jusqu'à un certain point, vaguement pressentir

M. de La Rochefoucauld ou M. de Nemours, mais non pas M. Singlin.

Comme pourtant quelques traits du puissant orateur auraient fixé, dans une majesté gracieuse, cette figure d'éblouissante langueur, ce caractère d'ingénieuse et séduisante faiblesse, d'une faiblesse qui ne fut jamais plus agissante que quand elle était plus subjuguée ! Comme elle se fût admirablement dessinée dans ce même fond de tempêtes et de tourbillons civils, où il a jeté et détaché l'autre princesse ! On connaît cette grande page sur la Fronde, on ne la saurait trop rouvrir, j'y renvoie [1]. Il ne l'eût pas écrite autrement pour cette oraison funèbre absente, qui est un de mes regrets.

A défaut de cette grandeur de peinture qui nous supprimerait, la chronique des Mémoires est là qui nous soutient. En me servant de la clef que fournit La Rochefoucauld , j'ai pu déjà, dans le portrait de ce dernier, simplifier et dire comment la direction de madame de Longueville fut autre avant l'époque de

---

[1] Oraison funèbre d'Anne de Gonzague, depuis ces mots : « *Pour la plonger entièrement dans l'amour du monde...,* » jusqu'à cette phrase : « *O éternel Roi des siècles, voilà ce qu'on vous préfère, voilà ce qui éblouit les âmes qu'on appelle grandes !* »

la prison des princes, et après cette prison. Dans le premier temps, c'est-à-dire pendant le siége de Paris (1648), brouillée avec le prince de Condé, elle ne suivit que les intérêts et les sentiments de M. de La Rochefoucauld ; elle les suivait encore, lorsque, après la signature de la paix (avril 1649), elle postulait pour lui en cour brevets et priviléges, lorsque, après l'arrestation des princes ses frères (janvier 1650), elle s'enfuyait avec toutes sortes de périls de Normandie en Hollande par mer [1], et arrivait, bien glorieuse enfin, à Stenay, où elle traitait avec les Espagnols et troublait Turenne.

A son retour en France après la sortie des princes et dans les préliminaires de la reprise d'armes, elle semblait suivre encore les mêmes sentiments, bien qu'avec un abandon moins décidé. On la voit dans ses conseils près de M. le Prince, à Saint-Maur, tantôt vouloir l'accommodement parce que M. de La Rochefoucauld le désire, tantôt vouloir la rupture parce

[1] Ses aventures près de Dieppe furent romanesques. Elle erra plusieurs jours le long des côtes. Si elle avait pu faire dans le pays une Vendée, ou, comme on disait alors, une Fronde, elle l'aurait entreprise, et se sentait de cœur pour cela. Elle trouva enfin à s'embarquer à bord d'un vaisseau anglais, et y fut reçue sous le nom d'un gentilhomme qui s'était battu en duel.

8.

que la guerre l'éloigne de son mari, « qu'elle n'avoit jamais aimé, dit Retz, mais qu'elle commençoit à craindre. » Et il ajoute : « Cette constitution des esprits auxquels M. le Prince avoit à faire eût embarrassé Sertorius[1]. » Fâcheux et bizarre augure! cette aversion pour le mari combattait ici les intérêts de l'amant, et pour celui-ci, n'en pas triompher, c'était déchoir. Enfin les sentiments de M. de La Rochefoucauld cessent positivement d'être la boussole de madame de Longueville : elle semble accueillir sans défaveur les hommages de M. de Nemours; elle les perd peu après par l'intrigue de madame de Châtillon, qui les ressaisit comme son bien, et qui en même temps trouve moyen d'obtenir ceux du prince de Condé, lequel échappe de nouveau à la confiance de sa sœur. C'est M. de La Rochefoucauld dont la politique et la vengeance ont concerté cette revanche trois fois ulcérante pour madame de Longueville. Elle était déjà d'ailleurs brouillée ouvertement avec son autre frère, le prince de Conti, qu'elle avait jusqu'a-

---

[1] Lemontey, dans sa notice sur madame de Longueville, dit qu'on a pu définir ainsi les dernières années de la guerre civile: « Tournoi de deux femmes, Geneviève de Condé et Anne d'Autriche ; l'une pour fuir son mari, l'autre pour rapprocher son cardinal. »

lors absolument gouverné et même subjugué[1]. Elle
perd bientôt ses derniers restes d'espoir sur M. de
Nemours, qui est tué en duel par M. de Beaufort, et
dès ce moment sa colère, sa haine contre lui, tour-
nent en larmes, comme s'il lui était pour la première
fois enlevé. Vers le même temps, la paix finale se
conclut (octobre 1652) ; la cour et le Mazarin triom-
phent ; la jeunesse fuit, et sans doute aussi la beauté
commence à suivre : tout manque donc à la fois ou
va manquer à madame de Longueville. Étant encore
à Bordeaux, et d'un couvent de bénédictines où elle
s'était logée aux approches de cette paix, elle écrivait
à ses chères carmélites du faubourg Saint-Jacques,
avec lesquelles, dans les plus grandes dissipations, elle
n'avait jamais tout à fait rompu : « Je ne désire rien
avec tant d'ardeur présentement que de voir cette
guerre-ci finie, pour m'aller jeter avec vous pour le
reste de mes jours... *Si j'ai eu des attachements au
monde, de quelque nature que vous les puissiez*

---

[1] Ses relations avec ses deux frères eurent tout le train et
toute l'apparence orageuse des passions. Le prince de Conti en
particulier, dès son entrée dans le monde, s'était mis sur le pied
de lui plaire *plutôt en qualité d'honnête homme que comme
frère.* Est-il possible de dire plus et en même temps de dire
moins ? Ce ne peut être qu'une femme (madame de Motteville)
qui ait trouvé cela.

imaginer, ils sont rompus et même brisés. Cette nouvelle ne vous sera pas désagréable... Je prétends que, pour me donner une sensibilité pour Dieu que je n'ai point encore, et sans laquelle je ferois pourtant l'action que je vous ai dite, si l'on avoit la paix, vous me fassiez la grâce de m'écrire souvent et de me confirmer dans l'horreur que j'ai pour le siècle. Mandez-moi quels livres vous me conseillez de lire. »

Antérieurement à cette époque, on a des lettres d'elle à ces mêmes religieuses ; chaque malheur, je l'ai dit, y ramenait involontairement son regard ; elle leur avait écrit lorsqu'elle avait perdu une petite fille, et à la mort aussi de madame la Princesse sa mère. Celle-ci mourut pendant que la duchesse était à Stenay [1]. C'est de là qu'en réponse aux condoléances venues du monastère (octobre 1650), partit une touchante lettre adressée à la Mère prieure pour

---

[1] Un éloquent détail à ce sujet nous revient par les *Mémoires* de M. de Chateaubriand, en ce passage dont sa bienveillance nous a permis de nous décorer : « La princesse de Condé, près d'expirer, dit à madame de Brienne : « Ma chère amie, mandez à cette « pauvre misérable qui est à Stenay l'état où vous me voyez, et « qu'elle apprenne à mourir. » Belles paroles ! mais la princesse oubliait, continue M. de Chateaubriand, qu'elle-même avait été aimée d'Henri IV, qu'emmenée à Bruxelles par son mari, elle avait voulu rejoindre le Béarnais, *s'échapper la nuit par une fenêtre et faire ensuite trente ou quarante lieues à cheval* : elle était alors une *pauvre misérable* de dix-sept ans. »

solliciter d'elle des particularités sur les circonstances de cette mort : « C'est en m'affligeant que je me dois soulager, écrivait madame de Longueville. Ce récit fera ce triste effet, et c'est pourquoi je vous le demande; car, enfin, vous voyez que ce ne doit pas être le repos qui succède à une douleur comme la mienne, mais un tourment secret et éternel. Aussi je me prépare à le porter en la vue de Dieu et de mes crimes qui ont appesanti sa main sur moi. Il aura peut-être pour agréable l'humiliation de mon cœur et l'enchaînement de mes misères profondes... Adieu, ma chère Mère, mes larmes m'aveuglent; et, s'il étoit de la volonté de Dieu qu'elles causassent la fin de ma vie, elles me paroîtroient plutôt les instruments de mon bien que les effets de mon mal. » M. de Grasse ne cessait aussi de lui écrire, et il l'avait fait avec une sorte d'éloquence, sur cette mort. Ainsi s'étaient conservés, même aux saisons du plus prodigue délire, des trésors secrets de cœur chez madame de Longueville.

Ses larmes, à temps renouvelées et abondantes, empêchaient de tarir en elle les sources cachées.

Une vie vraiment nouvelle pourtant va commencer. Elle a trente-quatre ans. Elle quitte Bordeaux

par ordre de la cour, s'avance jusqu'à Montreuil-
Bellay, domaine de son mari, en Anjou, et de là jusqu'à Moulins. En cette ville, elle descend aux Filles
de Sainte-Marie, et y visite le tombeau du duc de
Montmorency, son oncle, dont la mort tragique
l'avait tant touchée à cet âge encore pur de treize
ans, et lui devenait d'une bien haute leçon, aujour-
d'hui qu'elle-même sortait vaincue des factions civiles.
Sa tante, veuve de M. de Montmorency, était supérieure de ce monastère. Un exemple de si chaste et
pieuse uniformité agit plus que tout sur cette imagination aisément saisie, sur cette âme à peine échouée
et encore trempée du naufrage. Un jour, à Moulins,
au milieu d'une lecture de piété, « il se tira (c'est
elle-même qui parle) comme un rideau de devant les
yeux de mon esprit : tous les charmes de la vérité
rassemblés sous un seul objet se présentèrent devant
moi ; la foi, qui avoit demeuré comme morte et ensevelie sous mes passions, se renouvela ; je me trou-
vai comme une personne qui, après un long sommeil
où elle a songé qu'elle étoit grande, heureuse, ho-
norée et estimée de tout le monde, se réveille tout
d'un coup, et se trouve chargée de chaînes, percée
de plaies, abattue de langueur et renfermée dans une

prison obscure. »—Après dix mois de séjour à Moulins, elle fut rejointe par le duc de Longueville, qui
l'emmena avec toutes sortes d'égards dans son gouvernement de Normandie. De nouvelles atteintes
s'ajoutaient à chaque instant aux anciennes ; la
moindre annonce de quelque succès de M. le Prince,
qui avait passé aux Espagnols, et qui n'y était en
définitive que par suite des suggestions de sa sœur,
ravivait tous les remords de celle-ci, et prolongeait
l'équivoque de sa situation par rapport à la cour.
Elle se réconcilia en ces années avec le prince de
Conti, et se lia étroitement avec la princesse de
Conti, sa belle-sœur, qui, nièce du Mazarin, rachetait
ce sang suspect par de hautes vertus ; ces trois personnes devinrent bientôt à l'envi des émules dans les
voies de la conversion. Pourtant, madame de Longueville manquait de direction encore, et avec son
genre de caractère, avec cette habitude de ne suivre
jamais que des sentiments adoptifs, et de ne les
régler que sur une volonté préférée, elle avait plus
que personne besoin d'un guide très-ferme. Elle
écrivait de Rouen pour demander conseil à madame
de Montmorency sa tante, à une amie intime, la
prieure des Carmélites de Paris, mademoiselle du

Vigeau [1], à d'autres encore. Elle s'adressa à l'abbé Camus (depuis évêque de Grenoble et cardinal), récemment converti lui-même, et qui lui répondait : « Dieu vous mènera plus loin que vous ne pensez, et demande de vous des choses dont il n'est pas encore temps de vous parler. Quand on examine sa conduite sur les principes de l'Évangile, on y trouve des vides effroyables. » Mais le médecin éclairé, et qui sût prendre en main cette âme oscillante et endolorie, tardait toujours. C'est alors que les conseils de M. de Bernières, de M. Le Nain peut-être (père de M. de Tillemont et chef du conseil de madame de Longueville), à coup sûr l'entremise de madame de Sablé, indiquèrent à la postulante en peine Port-Royal et ses directeurs.

A la date d'avril 1661, on lit dans une lettre de la Mère Angélique à madame de Sablé, qu'elle avait vu madame de Longueville, et l'avait trouvée plus solide et plus mûrie qu'on ne la lui avait annoncée : « Tout ce que j'ai vu en peu de temps de cette princesse

---

[1] Mademoiselle du Vigeau avait été aimée du duc d'Enghien autrefois, avant la Fronde ; il voulait même se démarier, dit-on, et l'épouser ; ces amours, traversées par madame de Longueville, qui en avertit M. le Prince son père, avaient eu, du côté de la dame, le cloître pour tombeau.

m'a semblé tout d'or fin. » M. Singlin, déjà obligé à cette époque de se cacher pour éviter la Bastille, consentit à se rendre près de madame de Longueville, et il fut celui qui le premier éclaira et régla sa pénitence.

Je trouve une lettre de mademoiselle de Vertus à madame de Sablé, ainsi conçue (car, selon moi, tous les détails ont du prix touchant des personnes si élevées, si délicates, et finalement si respectables) :

« Enfin je reçus hier au soir un billet de la dame (*madame de Longueville*). On vous supplie donc de faire en sorte que votre ami (*M. Singlin*) vienne demain ici. Afin qu'on n'ait pas l'inquiétude qu'il soit connu dans son quartier, il peut venir en chaise et renvoyer ses porteurs, et je lui donnerai les miens pour le reporter où il lui plaira. S'il lui plaît de venir dîner, on le mettra dans une chambre où personne ne le verra qui le connoisse, et il est mieux, ce me semble, qu'il vienne d'assez bonne heure, c'est-à-dire entre dix et onze heures au plus tard... J'ai bien envie que cela soit fait, car cette pauvre femme [1] n'a pas de repos. Faites bien prier Dieu, je vous en conjure. Si je la puis voir en de si bonnes mains, j'aurai une grande joie, je

---

[1] *Cette pauvre femme.* Mme de Sévigné, parlant de la mort de M. de Turenne, dit *ce pauvre homme*. Si grands que nous soyons ou que nous croyions être, il est plus d'une circonstance, et il viendra tôt ou tard un jour où l'on dira de nous : *Ce pauvre homme ! Cette pauvre femme !* et où l'on ne dira que juste par cette expression de pitié, qui sera encore, à la bien prendre, une générosité d'âme.

vous l'avoue; il me semble que je serai comme ces personnes qui voient leur amie pourvue et qui n'ont plus qu'à se tenir en repos pour elles. C'est que, dans la vérité, cette personne se fait d'étranges peines, qu'elle n'aura plus quand elle sera fixée. J'ai bien peur que votre ami ait trop de dureté pour nous. Enfin, il faut prier Dieu et lui recommander cette affaire [1]. »

M. Singlin, une fois introduit, revint souvent ; il faisait ses visites déguisé en médecin et sous l'énorme perruque qui était alors de rigueur ; il avait besoin de se dire, pour se justifier à lui-même ce déguisement, qu'il était bien médecin en effet. On le tint quelque temps caché à Méru, dans la terre de la princesse. Est-ce trop raffiner que de croire que ces mystères, ces précautions infinies et concertées en vue de la pénitence, étaient pour madame de Longueville comme un dernier attrait d'imagination romanesque à l'entrée de la voie sévère?

On possède son examen de conscience écrit par elle-même après la confession générale qu'elle fit à M. Singlin, le 24 novembre 1661. C'est un morceau à rapprocher de cette autre confession de la princesse Palatine, écrite par celle-ci sur le conseil de l'abbé

[1] Bibliothèque du roi, manuscrits. Papiers de Mme de Sablé. Résidu de Saint-Germain, paquet 4, n° 6, 7e portefeuille.

de Rancé, et si magnifiquement paraphrasée par Bossuet. Il les faut lire sans superbe et d'un cœur simple : il n'y a, dans ces morceaux en eux-mêmes, rien d'agréable ni de flatteur.

Mais, à ne voir encore qu'humainement et au seul point de vue d'observation psychologique, de telles pièces méritent tout regard (*respectus*). Si elles nous détaillent le cœur humain dans sa plus menue petitesse, c'est que cette petitesse en est le fond ordinaire, définitif ; elles le vont ainsi poursuivre et démontrer petit à tous les degrés de sa profondeur.

Madame de Longueville considère ce renouvellement comme étant pour elle le premier pas d'une vie vraiment pénitente :

« Il y avoit longtemps que je cherchois (ce me sembloit) la voie qui mène à la vie, mais je croyois toujours de n'y être pas, sans savoir pourtant précisément ce qui étoit mon obstacle ; je sentois qu'il y en avoit entre Dieu et moi, mais je ne le connoissois pas, et proprement je me sentois comme n'étant pas à ma place ; et j'avois une certaine inquiétude d'y être, sans pourtant savoir où elle étoit, ni par où il la falloit chercher. Il me semble, au contraire, depuis que je me suis mise sous la conduite de M. Singlin, que je suis proprement à cette place que je cherchois, c'est-à-dire à la vraie entrée du chemin de la vie chrétienne, à l'entour duquel j'ai été jusques ici (1). »

Avant de s'embarquer à écouter sa confession générale et de s'engager par là à lui donner conduite, M. Singlin voulut d'abord savoir d'elle si elle se sentait disposée à quitter le monde au cas qu'un jour elle fût à même de le faire. Elle lui répondit en toute sincérité que oui. Cet aveu et ce vœu obtenus, il exigea qu'elle continuât de s'occuper de ses affaires extérieurement, tant qu'il le fallait, et sans lui permettre de les appeler *misérables*.

En habile docteur et praticien de l'âme qu'il était, M. Singlin, du premier coup d'œil, lui découvrit son défaut capital, cet orgueil qu'elle-même avait quasi ignoré, dit-elle, depuis tant d'années. C'est ce qu'aussi la duchesse de Nemours dénonce dans ses

---

¹ *Supplément au Nécrologe de Port-Royal*, in-4º, pag. 137 et suiv. — On peut remarquer dans cet examen de la duchesse de Longueville, et en général dans toutes ses lettres manuscrites dont j'ai vu une quantité, un style suranné, et bien moins élégant qu'on n'attendrait; beaucoup moins vif et précis, par exemple, que celui des divines lettres et *réflexions* de madame de La Vallière, publiées en un volume par madame de Genlis. C'est qu'il y a vingt-cinq ans de différence dans l'âge de ces deux illustres personnes: madame de La Vallière est une contemporaine exacte de La Bruyère, presque de Fénelon; madame de Longueville était formée entièrement avant Louis XIV. Mais qu'on aille au fond et au bout de ces longueurs de phrases, la finesse se retrouvera.

Mémoires en cent façons. Il est curieux de voir comme les incriminations de celle-ci, les indications de M. Singlin, et les aveux sincères de madame de Longueville se rejoignent justement et concordent : « Les choses qu'il (*l'orgueil*) produisoit, écrit la pénitente, ne m'étoient pas inconnues ; mais je m'arrêtois seulement à ses effets que je considérois bien comme de grandes imperfections ; pourtant, par tout ce qu'on m'en a découvert, je vois bien que je n'allois pas à cette source. Ce n'est pas que je ne reconnusse bien que l'orgueil avoit été le principe de tous mes égarements, mais je ne le croyois pas si vivant qu'il est, ne lui attribuant pas tous les péchés que je commettois, et cependant je vois bien qu'ils tiroient *tous* leur origine de ce principe-là. » Elle reconnaît à présent que, du temps même de ses égarements les plus criminels, le plaisir qui la touchait était celui de l'esprit, celui qui tient à l'amour-propre, *les autres naturellement ne l'attirant pas.* Ces deux misérables mouvements, plaisir de l'esprit et orgueil, qui n'en sont qu'un, entraient dans toutes ses actions et faisaient l'âme de toutes ses conduites : « J'ai toujours mis ce plaisir, que je cherchois tant, à ce qui flattoit mon orgueil, et proprement à me proposer ce que le Démon proposa à nos premiers parents : *Vous serez comme des Dieux !* Et cette parole, qui fut une flèche qui perça leur cœur, a tellement blessé le mien, que le sang coule encore de cette profonde plaie, et coulera longtemps, si Jésus-Christ par sa grâce n'arrête ce flux de sang... » Cette découverte qu'elle doit pour la première fois dans toute son étendue à M. Singlin, cette veine monstrueuse qu'il lui a fait toucher au doigt et suivre en ses moindres rameaux, et qui lui paraît maintenant composer à elle seule l'entière substance de son âme, l'épouvante et la mène jusque *sur le bord de la tentation du découragement.* Elle appréhende désormais de retrouver l'orgueil en tout, et cette docilité même, qui paraît le seul endroit sain de son âme, lui devient suspecte ; elle craint de n'être docile qu'en apparence, et parce qu'en obéissant on plaît, qu'on regagne par là l'estime qu'on a perdue. Il lui semble, en un mot, voir jusque dans cette docilité son orgueil *qui se transforme, s'il faut ainsi dire, en Ange de lumière, pour avoir de quoi vivre.* Effrayée, elle s'arrête, elle ne peut que s'écrier à Dieu, face contre terre, à travers de longs silences : *Sana me et sanabor.*

Mais une lettre de M. Singlin qu'elle reçoit, et qu'elle lit après avoir prié, la console en lui prouvant que ce serviteur de Dieu ne désespère pas d'elle ni de ses plaies. Je pourrais, si c'était ici le lieu, multiplier les extraits encore, et trahir sans ménagement, dans toute leur subtilité naïve et leur négligence déjà vieillie, ces délicatesses de conscience d'un esprit naguère si élégant et si superbe, à présent si abaissé et comme abîmé. Elle se connaît dorénavant, elle se décrit et se décompose à nu. Sa description, en un endroit, tombe juste avec ce qu'en dit Retz, et semble précisément y répondre. On se rappelle cette paresse et cette langueur, qu'il nous peint interrompue tout d'un coup chez elle par des réveils de lumière. Voici la traduction chrétienne et moralement rigoureuse de ce trait d'apparence charmante. Encore une fois, je ne demande point pardon pour le négligé du récit ; tout indigne qu'on est, quand on s'est plongé à fond dans ces choses, on se sent tenté plutôt de dire comme Bossuet parlant du songe de la princesse Palatine : *Je me plais à répéter toutes ces paroles, malgré les oreilles délicates ; elles effacent les discours les plus magnifiques, et je voudrois ne parler plus que ce langage.*

« En recevant la lettre de M. Singlin, qui m'a paru fort
grosse, écrit madame de Longueville, et qui par là me faisoit espérer bien des choses de cette part qui est présentement ce qui m'occupe, je l'ai ouverte rapidement, comme
ma nature me porte toujours à mon occupation d'esprit ;
comme au contraire (je dis ceci pour me faire connoître)
elle me donne une si grande négligence et froideur pour
ce qui n'est pas mon occupation présente, qui est toujours
forte et unique en moi. Et c'est ce qui me fait croire vio-
lente et emportée aux uns, parce qu'ils m'ont vue dans
mes passions ou même dans mes plus petites inclinations
et pentes ; et à d'autres, lente et paresseuse, morte même,
s'il faut user de ce mot, parce qu'ils ne m'ont pas vue
touchée de ce dont je l'ai été, soit en mal, soit en bien.
C'est aussi pourquoi l'on m'a définie comme si j'eusse été
deux personnes d'humeur même opposée, ce qui a fait dire
quelquefois que j'étois fourbe, quelquefois que j'étois
changée d'humeur, ce qui n'étoit ni l'un ni l'autre, mais
ce qui venoit des différentes situations où on me trouvoit.
Car j'étois morte, comme la mort, à tout ce qui n'étoit
pas dans ma tête, et toute vivante aux moindres par-
celles des choses qui me touchoient. J'ai toujours le dimi-
nutif de cette humeur, et je ne m'y laisse que trop domi-
ner. Par cette humeur donc, j'ai ouvert avec rapidité cette
lettre. »

Elle poursuit de la sorte, et ajoute bien des aveux
sur ses prompts dégoûts, ses mobilités d'humeur, ses
brusques *sécheresses* envers les gens, si elle n'y prenait garde. J'y surprends surtout d'incroyables témoignages de cet esprit, avant tout délié et fin, qui n'a

plus à creuser que son propre labyrinthe[1]. Elle dit
en finissant :

« Il m'est venu encore une pensée sur moi-même, c'est
que je suis fort aise, par amour-propre, qu'on m'ait or-
donné d'écrire tout ceci, parce que sur toute chose j'aime
à m'occuper de moi-même, et à en occuper les autres, et
que l'amour-propre fait qu'on aime mieux parler de soi en
mal, que de n'en rien dire du tout. J'expose encore cette
pensée, et la soumets en l'exposant, aussi bien que toutes
les autres [2]. »

J'ai copie de plusieurs lettres manuscrites de madame de Longueville, toutes également de scrupules
et de troubles, sur quelque action qu'elle croit de
source humaine, sur quelque péché oublié, sur une
absolution reçue avec une conscience douteuse. Elle

[1] Par exemple dans ce passage, qui échappe presque à force
de ténuité, à force de dédoublement et de reploiement du cheveu
de la pensée. Elle se reproche, en se condamnant elle-même, de
désirer tout bas de voir ses condamnations condamnées, et de
vouloir découvrir, par cette sorte de provocation détournée, si
on n'a pas d'elle quelque peu de bonne opinion : « Je me défi-
gure en partie, dit-elle, pour m'attirer le plaisir de connoître
qu'on croit plus de bien de moi, et c'est même un artifice de mon
amour-propre et de ma curiosité de me pousser à me dépein-
dre défectueuse, pour savoir au vrai ce que l'on croit de moi, et
satisfaire par même voie mon orgueil et ma curiosité. » Toujours
la méthode d'esprit de l'hôtel Rambouillet; c'est l'application
seule qui a changé.
[2] M. de La Rochefoucauld aurait eu quelque droit de revendi-
quer cette pensée comme très-voisine d'une des siennes : « Ce

pratiquait la pénitence et la mortification par ces vigilances continuelles et par ces angoisses encore plus que par ses cilices.

Sur le conseil de M. Singlin, madame de Longueville s'occupa avant tout d'aumônes et de restitutions dans les provinces ravagées par sa faute durant les guerres civiles. A la mort de M. Singlin, elle passa sous la direction de M. de Saci. Lorsque celui-ci fut à la Bastille, elle eut M. Marcel, curé de Saint-Jacques, et d'autres également sûrs ; elle écrivait très-assidûment au saint évêque d'Aleth (Pavillon), et suivait en détail ses réponses comme des oracles.

Le duc de Longueville étant mort en mai 1665, elle pouvait courir dorénavant avec moins de retard dans cette voie de la pénitence qui la réclamait tout entière. Les troubles seuls de l'Église à cette époque la retenaient encore. Elle fut très-active pour Port-

qui fait, a-t-il dit, que les amants et les maîtresses ne s'ennuient point d'être ensemble , c'est qu'ils parlent toujours d'eux-mêmes. » Je me pose une question : Si M. de La Rochefoucauld avait lu cette confession de madame de Longueville, en aurait-il été touché ? aurait-il changé de jugement sur elle ? On en peut douter. Il aurait toujours prétendu y suivre la même nature s'inquiétant, se raffinant pour se reprendre à mieux , et persistant sous ses transes. « L'orgueil est égal dans tous les hommes, a-t-il dit encore, et il n'y a de différence qu'aux moyens et à la manière de le mettre au jour. » Il lui eût fallu avoir en lui le rayon pour le voir en elle comme il y était. Là gît la difficulté toujours.

Royal en ces années difficiles. La révision du Nouveau-
Testament dit *de Mons* s'acheva dans des conférences
qui se tenaient chez elle. A partir de 1666, elle eut
cachés dans son hôtel Arnauld, Nicole et le docteur
Lalane. On en raconte quelques anecdotes assez vraisemblables, qui durent égayer un peu les longueurs
de cette retraite.

Arnauld, un jour, y fut attaqué de fièvre ; la princesse fit venir le médecin Brayer et lui recommanda
d'avoir un soin particulier d'un gentilhomme qui
logeait depuis peu chez elle ; car Arnauld avait pris
l'habit séculier, la grande perruque, l'épée, tout
l'attirail d'un gentilhomme. Brayer monte et, après
le pouls tâté, il se met à parler d'un livre nouveau
qui fait bruit, et qu'on attribue, dit-il, à messieurs
de Port-Royal : « Les uns le donnent à M. Arnauld,
les autres à M. de Saci ; mais je ne le crois pas de
ce dernier, il n'écrit pas si bien. » A ce mot, Arnauld
oubliant le rôle de son habit et secouant vivement
son ample perruque : « Que voulez-vous dire, monsieur? s'écrie-t-il ; mon neveu écrit mieux que moi. »
Brayer descendit en riant et dit à madame de Longueville : « La maladie de votre gentilhomme n'est
pas considérable. Je vous conseille cependant de

faire en sorte qu'il ne voie personne : il ne faut pas le laisser parler. » Tel était au vrai, dans son ingé- nuité, le grand comploteur et chef de parti Arnauld.

On voit dans les fragments (à la suite de l'Histoire de Port-Royal, par Racine) que Nicole était plus au goût de madame de Longueville qu'Arnauld, comme plus poli en effet, plus attentif. Dans les entretiens du soir, le bon Arnauld, près de s'endormir au coin du feu, et rentrant tête baissée dans l'égalité chré- tienne, défaisait tout doucement ses jarretières devant elle : *ce qui la faisait un peu souffrir.* Nicole avait plus d'usage ; on dit pourtant qu'un jour, par dis- traction, il posa en entrant son chapeau, ses gants, sa canne et son manchon sur le lit de la princesse ! Tout cela faisait partie de sa pénitence.

Elle contribua autant qu'aucun prélat à la Paix de l'Église. Ces négociations croisées, si souvent renouées et rompues, leur activité secrète, et le centre où elle était, recommençaient pour elle la seule Fronde permise, et lui en rendaient quelques émotions à bonne fin et en toute sûreté de conscience. En appre- nant un matin (vers 1665) l'une des ruptures qu'on imputait aux jésuites, elle disait avec son tour d'esprit : « J'ai été assez simple pour croire que les Révérends

Pères agissaient sincèrement ; il est vrai que je n'y croyais que d'hier au soir. » Enfin des négociations sérieuses s'engagèrent : M. de Gondrin, archevêque de Sens, concertait tout avec elle. Elle écrivit au pape pour justifier les accusés et garantir leur foi ; elle écrivit au secrétaire d'état, le cardinal Azolin, pour l'intéresser à la conclusion. Avec la princesse de Conti, elle mérita d'être saluée une *Mère de l'Église.*

La paix faite, elle fit bâtir à Port-Royal-des-Champs un corps-de-logis ou petit hôtel qui communiquait par une galerie avec une tribune de l'église. A partir de 1672, elle se partagea entre ce séjour et celui de ses fidèles carmélites du faubourg Saint-Jacques, chez lesquelles elle avait déjà un logement. Des épreuves bien douloureuses du dehors achevèrent de la pousser vers ces deux asiles, où elle allait être si ardente à se consumer : la perte d'abord de sa belle-sœur, la princesse de Conti, l'imbécillité et la mauvaise conduite de son fils aîné, le comte de Dunois, la mort surtout de son fils chéri, le comte de Saint-Paul. Elle ne quitta tout à fait l'hôtel de Longueville qu'après cette dernière mort si cruelle, et qui nous est tant connue par l'admirable lettre de madame de Sévigné. Le jeune M. de Longueville fut tué, on le sait, un moment après le passage du Rhin, en se jetant, par un coup de valeur imprudente, dans un gros d'ennemis qui fuyaient, et avec lui périrent une foule de gentilshommes. Il fallait annoncer ce malheur à madame de Longueville. De peur de rester trop incomplet, nous répétons ici la page immortelle :

« Mademoiselle de Vertus, écrit madame de Sévigné (20 juin 1672), étoit retournée depuis deux jours à Port-Royal, où elle est presque toujours ; on est allé la quérir avec M. Arnauld, pour dire cette terrible nouvelle. Mademoiselle de Vertus n'avoit qu'à se montrer ; ce retour si précipité marquoit bien quelque chose de funeste. En effet, dès qu'elle parut : Ah, mademoiselle ! comment se porte monsieur mon frère (le grand Condé)? Sa pensée n'osa aller plus loin. — Madame, il se porte bien de sa blessure. — Il y a eu un combat ! et mon fils ? — On ne lui répondit rien. — Ah ! mademoiselle, mon fils, mon cher enfant, répondez-moi, est-il mort ? — Madame, je n'ai point de paroles pour vous répondre. — Ah ! mon cher fils ! est-il mort sur-le-champ ? N'a-t-il pas eu un seul moment ? Ah ! mon Dieu ! quel sacrifice ! Et là-dessus elle tomba sur son lit, et tout ce que la plus vive douleur peut faire, et par des convulsions, et par des évanouissements, et par un silence mortel, et par des cris étouffés, et par des larmes amères, et par des élans vers le ciel, et par des plaintes tendres et pitoyables, elle a tout éprouvé. Elle voit certaines gens, elle prend des bouillons, parce que Dieu le veut ; elle n'a aucun repos ; sa santé, déjà très-mauvaise, est visiblement altérée. Pour moi, je lui souhaite la mort, ne comprenant pas qu'elle puisse vivre après une telle perte. »

Et sept jours après cette lettre (27 juin) : « J'ai vu enfin madame de Longueville ; le hasard me plaça près de son lit : elle m'en fit approcher encore davantage, et me parla la première, car, pour moi, je ne sais point de paroles dans une telle occasion ; elle me dit qu'elle ne doutoit pas qu'elle ne m'eût fait pitié, que rien ne manquoit à son malheur ; elle me parla de madame de La Fayette , de M. d'Hacqueville, comme de ceux qui la plaindroient le plus ; elle me parla de mon fils, et de l'amitié que son fils avoit pour lui : je ne vous dis point mes réponses ; elles furent comme elles devoient être, et, de bonne foi, j'étois si touchée que je ne pouvois pas mal dire : la foule me chassa. Mais, enfin, la circonstance de la paix est une sorte d'amertume qui me blesse jusqu'au cœur, quand je me mets à sa place ; quand je me tiens à la mienne, j'en loue Dieu, puisqu'elle conserve mon pauvre Sévigné et tous nos amis. »

On découvrit bientôt (un peu complaisamment peut-être) qu'avant de partir pour la guerre, M. de Longueville s'était converti en secret, qu'il avait fait une confession générale, que messieurs de Port-Royal avaient mené cela, qu'il répandait d'immenses aumônes, enfin que, nonobstant ses maîtresses et un fils naturel qu'il avait, il était quasi un saint. Ce fut une sorte de douceur dernière, et bien permise, à laquelle son inconsolable mère fut crédule.

Aussitôt ce premier flot de condoléances essuyé, madame de Longueville alla à Port-Royal-des-Champs où sa demeure était prête, et elle y redoubla de solitude. Elle en sortait de temps en temps, et revenait faire des séjours aux Carmélites, où elle voyait successivement passer comme un convoi des grandeurs du siècle, madame de La Vallière y prendre le voile, et peu après arriver le cœur de Turenne, — ce cœur qu'hélas! elle avait un jour troublé.

Ses austérités, jointes à ses peines d'esprit, hâtèrent sa fin ; un changement s'opéra dans sa dernière maladie, et elle entra dans l'avant-goût du calme. Elle mourut aux Carmélites le 15 avril 1679, âgée de cinquante-neuf ans et sept mois. Son corps fut enterré en ce couvent même, ses entrailles à Saint-Jacques-du-Haut-Pas ; son cœur alla à Port-Royal.

Un mois après sa mort, l'archevêque de Paris, M. de Harlay, se rendit en personne à ce dernier couvent pour signifier, par ordre du roi, aux religieuses, de renvoyer leurs pensionnaires et leurs postulantes, et pour leur défendre d'en recevoir à l'avenir. On n'attendait que la mort de cette princesse pour commencer le blocus final où le célèbre monastère devait succomber. Il n'y avait plus de palladium dans Ilion.

L'oraison funèbre de madame de Longueville fut prononcée un an après sa mort, non point par Bossuet, je l'ai regretté, mais par l'évêque d'Autun, Roquette, le même qu'on suppose n'avoir pas été étranger à l'idée du *Tartufe*, et duquel encore on a dit que les sermons qu'il prêchait étaient bien à lui, puisqu'il les achetait. Madame de Sévigné (lettre du 12 avril 1680) loue d'étrange sorte, et non sans de vives pointes d'ironie, cette oraison funèbre qu'on ne permit pas même d'imprimer. Ce qui était plus éloquent que les phrases de M. d'Autun, c'étaient, à cet anniversaire de madame de Longueville, mesdemoiselles de La Rochefoucauld qui pleuraient leur père; c'était madame de La Fayette, qu'au sortir de la cérémonie madame de Sévigné visitait et trouvait en larmes; car madame de Longueville et M. de La Rochefoucauld étaient morts dans la même année : « il y avoit bien à rêver sur ces deux noms! »

Nos dignes historiens de Port-Royal ont dit bien des banalités et des petitesses sur madame de Longueville : cette qualité d'Altesse sérénissime les éblouissait. Quand ils parlent d'elle, ou de mademoiselle de

Vertus, ou de M. de Pontchâteau, ils ne tarissent plus, et dans l'uniformité de leur louange, dans la plénitude bien légitime de leur reconnaissance, il ne leur faut pas demander le discernement des caractères. On voit par un petit fragment qui suit l'*Abrégé* de Racine, et qu'il n'a pas eu le temps de fondre, de dissimuler dans son récit, que si madame de Longueville avait gardé jusqu'aux dernières années la grâce, la finesse, et, comme dit Bossuet de ces personnes revenues du monde, *l'insinuation dans les entretiens*, elle avait gardé aussi les prompts chatouillements, les dégoûts, les excès d'ombrage : « elle étoit quelquefois jalouse de mademoiselle de Vertus, qui étoit plus égale et plus attirante. » Enfin, pourquoi s'étonner? jusque dans le froid abri des cloîtres, jusque sur les dalles funéraires où elle se collait le visage, elle s'était emportée elle-même, et, bien qu'en une sphère plus épurée, c'étaient les mêmes ennemis toujours, et la continuation secrète des mêmes combats.

La vraie couronne de madame de Longueville en ces années, celle qu'il faut d'autant plus révérer en elle qu'elle ne l'apercevait pas, qu'elle la couvrait comme de ses deux mains, qu'elle l'abaissait et la

cachait contre le parvis, c'est la couronne d'humilité.
Voilà sa gloire chrétienne, que les inévitables défauts
ne doivent pas obscurcir. On en rapporte des traits
touchants. Elle avait ses ennemis, ses envieux ; des
mots blessants ou même insultants lui arrivaient ;
elle souffrait tout, et elle disait à Dieu : *Frappe encore!* Un jour, allant en chaise des Carmélites à
Saint-Jacques-du-Haut-Pas, elle fut abordée par un
officier qui lui demanda je ne sais quelle grâce ; elle
répondit qu'elle ne le pouvait, et cet homme, là-
dessus, s'emporta aux termes les plus insolents. Ses
gens allaient se jeter sur lui. « Arrêtez, leur cria-
t-elle, qu'on ne lui fasse rien ; j'en mérite bien
d'autres. » Si j'indique à côté de ce grand trait principal d'humilité les autres petitesses persistantes,
c'est donc bien moins pour infirmer une pénitence si
profonde et si sincère que pour trahir jusqu'au bout
les secrètes misères obstinées et les faux-fuyants de
ces élégantes natures.

Lemontey, dans une notice spirituelle, mais sèche
et légère, n'a pas craint de l'appeler une *âme théâ-
trale et vaine.* Qui oserait, après avoir assisté avec
nous de près à sa pénitence, l'appeler autrement
qu'une pauvre âme délicate et angoissée?

Nicole, cet esprit si délicat aussi, et qui la fréquenta si longtemps, l'a très-bien jugée. Il avait toujours été fort en accord avec elle. Elle trouvait qu'il avait raison dans toutes les petites querelles de Port-Royal. Il disait agréablement qu'elle morte, il avait baissé de beaucoup en considération : « J'y ai même perdu, disait-il, mon abbaye, car on ne m'appelle plus M. l'abbé Nicole, mais M. Nicole tout simplement. » Au tome XII des *Ouvrages de Morale et de Politique* de l'abbé de Saint-Pierre, on trouve sur le genre d'esprit et la qualité intellectuelle de madame de Longueville ce témoignage assez particulier qu'on n'aurait guère l'idée d'aller chercher là, et dont l'espèce de bizarrerie n'est pas sans piquant [1].

« Je demandai un jour à M. Nicole quel était le caractère d'esprit de madame de Longueville ; il me dit qu'elle avait l'esprit très-fin et très-délicat sur la connaissance des caractères des personnes, mais qu'il était très-petit, très-faible, et qu'elle était très-bornée sur les matières de science et de raisonnement, et sur toutes les choses spéculatives dans lesquelles il ne s'agissait point de sujets de sentiment. — Par exemple, ajouta-t-il, je lui dis un jour que je pouvais parier et démontrer qu'il y avait dans Paris au moins deux habitants qui avaient même nombre de cheveux, quoique je ne pusse pas marquer quels sont ces

---

[1] Je supprime la singulière orthographe de l'abbé de Saint-Pierre ; il y aura assez d'algèbre sans cela.

deux hommes. Elle me dit que je ne pouvais jamais en être
assuré qu'après avoir compté les cheveux de ces deux
hommes. Voici ma démonstration, lui dis-je : je pose en
fait que la tête la mieux garnie de cheveux n'en a pas
200,000, et que la tête la moins garnie, c'est celle qui n'a
qu'un cheveu. Si maintenant vous supposez que 200,000
têtes ont toutes un nombre de cheveux différent, il faut
qu'elles aient chacune un des nombres de cheveux qui
sont depuis un jusqu'à 200,000 ; car, si l'on supposait qu'il
y en avait deux parmi ces 200,000 qui eussent même
nombre de cheveux, j'aurais gagné le pari. Or, supposant
que ces 200,000 habitants ont tous un nombre différent de
cheveux, si j'y apporte un seul habitant de plus qui ait des
cheveux et qui n'en ait pas plus de 200,000, il faut nécessairement que ce nombre de cheveux, quel qu'il soit,
se trouve depuis un jusqu'à 200,000, et par conséquent
soit égal au nombre de cheveux d'une de ces 200,000 têtes.
Or, comme au lieu d'un habitant en sus des 200,000, il y
a en tout près de 800,000 habitants dans Paris, vous voyez
bien qu'il faut qu'il y ait beaucoup de têtes égales en
nombre de cheveux, quoique je ne les aie pas comptés. —
Madame de Longueville ne put jamais comprendre que
l'on pût faire une démonstration de cette égalité de cheveux, et soutint toujours que la seule voie de la démontrer était de les compter. »

Ceci nous prouve que madame de Longueville, qui
avait tant de rapports en délicatesses et démangeai-
sons d'esprit avec madame de Sablé, était bien diffé-
rente d'elle en ce point ; madame de Sablé aimait et
suivait les dissertations, et en était bon juge ; mais
Arnauld n'aurait pas eu l'idée de faire lire la Logique

de Port-Royal à madame de Longueville, pour la divertir et tirer d'elle un avis compétent.

Elle était proprement de ces *esprits fins* que Pascal oppose aux esprits géométriques, de ces « esprits fins qui ne sont que fins, qui, étant accoutumés à juger les choses d'une seule et prompte vue, se rebutent vite d'un détail de définition en apparence stérile, et ne peuvent avoir la patience de descendre jusqu'aux premiers principes des choses spéculatives et d'imagination, qu'ils n'ont jamais vues dans le monde et dans l'usage. »

Mais, géométrie à part, l'usage même, le monde et son coup d'œil, sa finesse et ses élégances, le sang de princesse dans toutes les veines, une âme féminine dans tous ses replis, cette vocation, ce point d'honneur de plaire qui est déjà une victoire, de belles passions, de grands malheurs, une auréole de sainte en mourant, l'entrelacement suprême autour d'elle de tous ces noms accomplis de Condé, de La Roche-foucauld et de Port-Royal, cela suffit à composer à madame de Longueville une distinction durable, et lui assure dans la mémoire française une part bien flatteuse, que nul renom d'héroïne ne surpasse, que nulle gloire, même de femme supérieure, n'effacera. Que dirai-je encore? si du sein du monde sérieux, où elle est entrée, elle pouvait sourire à l'effet, au charme de son nom seul sur ceux qui la jugent, elle y sourirait.

1er août 1840.

P. S. Depuis que ce portrait est écrit, il m'est tombé entre les mains une agréable pièce à l'appui, que je tire d'un manuscrit janséniste (Bibliothèque du roi, supplém. franç. 1485) :

CARACTÈRE DE MADAME DE LONGUEVILLE.

« C'étoit une chose à étudier que la manière dont madame de Longueville conversoit avec le monde.

« On y pouvoit remarquer ces qualités également estimables selon Dieu et selon le monde : elle ne médisoit jamais de personne, et elle témoignoit toujours quelque peine quand on parloit librement des défauts des autres, quoiqu'avec vérité ;

« Elle ne disoit jamais rien à son avantage, cela étoit sans exception; elle prenoit autant qu'elle pouvoit sans affectation toutes les occasions qu'elle trouvoit de s'humilier.

« Elle disoit si bien tout ce qu'elle disoit, qu'il auroit été difficile de le mieux dire, quelqu'étude que l'on y apportât.

« Il y avoit plus de choses vives et rares dans ce que disoit M. de Tréville; mais il y avoit plus de délicatesse, et autant d'esprit et de bon sens, dans la manière dont madame de Longueville s'exprimoit.

« Elle parloit sensément, modestement, charitablement et sans passion; on ne remarquoit jamais dans ses discours de mauvais raisonnements. Elle écoutoit beaucoup, n'interrompoit jamais, et ne témoignoit point d'empressement de parler.

« L'air qui lui revenoit le moins, étoit l'air décisif et scientifique, et je sais des personnes très-estimables d'ailleurs, qu'elle n'a jamais goûtées, parce qu'elles avoient quelque chose de cet air.

« C'étoit au contraire faire sa cour auprès d'elle, que de parler de tout le monde avec équité et sans passion, et d'estimer en eux tout ce qu'ils pouvoient avoir de bon.

« Enfin, tout son extérieur, sa voix, son visage, ses gestes étoient une musique parfaite, et son esprit et son corps la servoient si bien pour exprimer tout ce qu'elle vouloit faire entendre, que c'étoit la plus parfaite actrice du monde.

« Cependant, quoique je sois persuadé qu'elle étoit un excellent modèle d'une conversation sage, chrétienne et agréable, je ne laisse pas de croire que l'état d'une personne qui n'auroit rien de tout cela, et qui seroit sans esprit et sans agrément, mais qui sauroit bien se passer de la conversation du monde, et se tenir en silence devant Dieu en s'occupant de quelque petit travail, est beaucoup plus heureux et plus souhaitable que celui-là, parce qu'il est moins exposé à la vanité, et moins tenté par le spectacle des jugements favorables qu'on attire par les belles qualités. »

La fin de ce portrait est peut-être de trop pour nous autres jansénistes mondains, et qui ne faisons pas fi de l'agrément, même chez madame de Longueville convertie. Mais quel charmant et sérieux exemple de la maîtresse de maison, chrétienne rigoureuse et pourtant aimable !

Ce petit portrait pourrait bien être de Nicole ; on sait, en effet, qu'il trouvait à M. de Tréville plus d'esprit qu'à Pascal même : ici on lui accorde plus de trait qu'à madame de Longueville. Quelle fleur de janséniste cela devait faire ! Une femme d'esprit me faisait remarquer que ce M. de Tréville était le *M. Joubert* du beau temps du jansénisme. Ce sont d'heureux hommes que ceux qui vivent ainsi grands hommes pour tous leurs amis. et que tous les autres ignorent.

UNE RUELLE POÉTIQUE

SOUS LOUIS XIV.

UNE RUELLE POÉTIQUE

SOUS LOUIS XIV.

—

Pavillon. — Saint-Pevin. — Hesnault. — Madame Des Houlières, etc.

—◇—

Revenons à nos moutons, et ne mordons plus personne [1]. On me l'a conseillé ; c'est le plus sage. Un peu d'idylle, même en critique ; je reprends ma houlette et je fais taire mon chien.

En parcourant dernièrement cette quarantaine de petits volumes où, sous le titre d'*Annales Poé-*

---

[1] Ce morceau, lors de sa publication dans une Revue, succédait à un autre article tout de polémique lancé contre un des nombreux fléaux dont la littérature du jour est infestée.

tiques, est enterré, en fait de vers, tout ce qu'on n
lit plus, où La Monnoie tient autant de place qu
Racine, où Pavillon offre deux fois plus de façad
que Despréaux, un petit résultat évident m'e
apparu.

Il y a eu toute une école poétique, au xviie sièc
et au commencement du xviiie, pour laquelle, à ce
tains égards essentiels, le siècle de Louis XIV n'a p
existé; elle se continue avec le goût Louis XIII
de la première régence, et finit à la seconde, sou
La Motte et Fontenelle. Elle part de Voiture, Saint
Évremond; elle est assez d'accord avec la premiè
manière de La Fontaine; elle se cantonne, dura
Boileau et Racine, à l'hôtel Bouillon, chez les Ne
vers, les Des Houlières, Hesnault, Pavillon, Charl
Perrault; voici l'anneau trouvé avec Fontenelle.

Un double caractère de cette petite école est d'êt
à la fois en arrière et en avant, de tenir à l'âge qu
s'en va et au siècle qui vient, d'avoir du précieux
du hardi; enfin, de mêler dans son bel-esprit u
grain d'esprit fort.

Ce dernier point n'est vrai que de quelques-un
sans doute, mais l'est assez pour qu'on y voie u
trait de caractère. Saint-Pavin, Hesnault, madam

Des Houlières elle-même, tenaient du philosophe, de l'indévot : par leur liberté de pensée en morale non moins que par leur goût en poésie, ils devaient être antipathiques à Despréaux , à Racine. Le goût élevé, exclusif, de ceux-ci, se combinait au fond avec la gravité morale , et s'y appuyait : ils représentent le siècle de Louis XIV à son centre. Bayle, qui vécut toujours hors de France, qui ne tient point , à vrai dire, au règne de Louis XIV, qui, par le style comme par les idées, fut plutôt du siècle d'avant ou de celui d'après, Bayle admira beaucoup cette petite école ; il la jugeait très-poétique et tout à fait à son gré. Ces affinités, comme ces antipathies, quand elles s'adressent, non pas à un individu , mais à des groupes, dénotent l'esprit secret et ne trompent pas.

Une certaine conscience intérieure, au milieu de tous leurs succès de société, semble avoir averti les poëtes et beaux-esprits de ce bord , qu'ils n'étaient pas à leur vraie place dans le siècle, que leur moment était passé ou n'était pas venu, que d'autres, véritablement grands, régnaient, qu'ils étaient évincés , en un mot. J'aime à croire que cette sorte de découragement et de dépit ajouta, chez quelques-uns, à l'incomplet du talent, et contribua au chétif emploi qu'ils en firent; c'est, du moins, une excuse. Chassés du haut du pavé, ils prirent et gardèrent la ruelle. Rien de grand chez eux, ni de haute haleine. Ils ont vécu au jour le jour, en épicuriens de la gloire, heureux des roses et des faveurs de chaque matin, gaspillant à des riens mille grâces.

Quand on parcourt leurs œuvres décousues, inégales, sans composition et sans dessein, on est souvent surpris de trouver un morceau charmant, une idylle, une épigramme heureuse : tous ces gens-là ont fait en leur vie une bonne petite pièce ; mais la seconde ne s'y rencontre pas. Ce qui les a perdus, c'est le *tous les jours*.

Si quelqu'un mérita, par son talent, de prétendre à plus et d'oser mieux, c'est certainement Hesnault ; c'est lui aussi qui, de tout ce groupe, paraît avoir le mieux compris la position fausse où l'esprit, le goût *libertins*, allaient se trouver sous Louis XIV, par-devant Despréaux le censeur, et en regard du *decorum* grandissant. Il considéra de bonne heure sa vie, même de poëte, comme une partie perdue, et, tournant le dos à l'avenir comme au grand ennemi, il ne s'occupa qu'à piller tout le premier le butin.

L'aimable et moins hardi Pavillon n'était point

ainsi; je ne sais s'il se tourmenta beaucoup de la
renommée, mais il ne la méprisait pas et crut la posséder suffisamment. Les trois quarts de sa longue vie,
toute diaprée de madrigaux et de conseils à Iris, se
passèrent dans les jouissances littéraires sans envie,
dans la goutte sans aigreur : il eut de la gloire dans
sa chambre. Également bien avec Boileau et avec
Tallemant, il succédait aussi coulamment à Benserade dans l'Académie française qu'à Racine dans
l'Académie des Inscriptions. Il mourut âgé de
soixante-treize ans, écrit l'honnête Niceron, *ayant
conservé jusqu'à son dernier moment son bon
sens, sa réputation et ses amis:* rien que cela ! En
pourrait-on dire autant aujourd'hui de beaucoup de
nos grands hommes? Sa fable, intitulée *l'Honneur*,
très-courte, il est vrai, semble du La Fontaine au
temps de Fouquet [1].

Saint-Pavin, qui lui est supérieur en vivacité, en
hardiesse, a du prix comme poëte. Fontenelle le goû-

---

[1] Est-elle bien de Pavillon ? Je la trouve également attribuée
à Fontenelle ; en un si grave procès je ne décide pas. — Les *Annales poétiques* l'attribuent même en troisième lieu au poëte
Ferrand ; de sorte, me disait un plaisant, que votre pauvre
M. Pavillon n'aurait fait qu'une bonne pièce, et encore elle n'est
pas de lui.

tait beaucoup. Dans un choix en six volumes [1], fort
bien fait, où le siècle de Louis XIV en poésie est
d'ailleurs comme non advenu, et où il paraît que
Fontenelle a mis la main, Saint-Pavin tient une
bonne place entre Charleval et Voiture. Il la mérite
de tout point. Fut-il un peu contrefait, comme son
portrait, tracé par lui-même, l'indiquerait? Son
esprit, en ce cas, justifia le proverbe en redoublant
de gentillesse : c'était du plus coquet et du plus fin
dans le monde même de madame de Sévigné, sa voisine de campagne à Livry. Il eut du Chaulieu dans
ses mœurs, dans sa vie de bénéficier assez licencieux ;
son tour exquis, railleur, ne rappelle pas mal cet
autre abbé poëte, Mellin de Saint-Gelais. Il hanta
fort Des Barreaux dans sa jeunesse : on l'a même
voulu rattacher au poëte Théophile. Du milieu de ses
délices, il songeait à l'art et le pratiqua. Ses vers sont
très-soignés ; il a fait nombre de sonnets, et à peu
près les derniers en date, avant l'espèce de renaissance que nous-même avons tentée. On peut dire que,

---

[1] *Recueil des plus belles Pièces des Poëtes françois depuis
Villon jusqu'à Benserade*, 6 vol. in-12. 1752. La première édition est de 5 volumes, Barbin, 1692. On attribue à la plume
même de Fontenelle les petites vies des poëtes qui y sont tou-
chées avec une netteté élégante.

si le rondeau à cette époque, est mort sous Benserade [1], le sonnet a fini avec Saint-Pavin. Mais celui-
ci n'abusa point autant que l'autre du genre, et
dans ses mains la pointe ne s'est pas émoussée. J'en
pourrais citer de délicatement tendres ; en voici un
de piquant :

SONNET.

Il ne faut point tant de mystère ;
Rompons, Iris ; j'en suis d'accord.

---

[1] Le dernier rondeau en date que je connaisse est, je crois,
celui-ci, adressé (vers le temps de M. de Surville) à une beauté
qui faisait la Diane chasseresse :

Doux Vents d'automne, attiédissez l'amie !
Vaste Forêt, ouvre-lui tes rameaux !
Sous les grands bois la douleur endormie,
En y rêvant, souvent calma ses maux.
Aux maux plus doux tu fus hospitalière,
Noble Forêt ! Ici vint La Vallière,
Ici Diane, en ces règnes si beaux ;
Et la charmille éclatait aux flambeaux.
La chasse court, le cerf fuit, le cor sonne :
Pour prolonger ce que l'ombre pardonne,
Vous ménagiez le feuillage aux berceaux,
    Doux Vents d'automne !

O ma Beauté ! n'y soupirez-vous pas ?
Pourquoi ce cri vers le désert sauvage ?
Sur son coursier la voilà qui ravage
Rocs et halliers, et franchit tous les pas.
Cœur indompté, l'air des bois l'aiguillonne,
L'odeur des pins l'enivre. Ah ! c'est assez ;
Quand la forêt la va faire amazone,
Soufflez sur elle et me l'attiédissez.
    Doux Vents d'automne !

Je vous aimois, vous m'aimiez fort;
Cela n'est plus, sortons d'affaire.

Un vieil amour ne sauroit plaire;
On voudroit déjà qu'il fût mort:
Quand il languit ou qu'il s'endort,
Il est permis de s'en défaire.

Ce n'est plus que dans les romans
Qu'on voit de fidèles amans:
L'inconstance est plus en usage.

Si je vous quitte le dernier,
N'en tirez pas grand avantage:
Je fus dégoûté le premier.

Dans la première scène de *Mademoiselle de Belle-Isle*, la marquise de Prie, attendant le duc de Riche-lieu, ne pourrait-elle pas trouver ce sonnet-là sur sa toilette, comme à-propos? Saint-Pavin en a donné une quantité d'aussi jolis, d'aussi aiguisés: il ne se laissait pas faire [1]. Boileau l'a touché et y a attrapé

[1] Il a dit lui-même de son esprit :

Je l'ai vif dans les reparties
Et plus piquant que les orties.

Il eut fort souvent affaire aux coquettes et s'en vengea : on vient de voir ce qu'il dit à l'une ; voici pour une autre :

Le changement vous est si doux,
Que, quand on est bien avec vous,
On n'ose s'en donner la gloire.
Celui qui vous peut arrêter
A si peu de temps pour le croire,
Qu'il n'en a pas pour s'en vanter.

A une dévote un peu tendre, mais qui ne l'était pas assez :

N'écoutez qu'une passion :
Deux ensemble, c'est raillerie.

sa piqûre. Il espérait l'avenir pour ses vers : rendons-le-lui du moins, autant qu'il nous est possible, en les goûtant.

Et pourquoi faire fi de son plaisir? Un vieil ami que j'ai dans le canton de Vaud, vrai connaisseur en poésie, un homme qui a vu André Chénier en 89, et qui faisait alors lui-même, à Paris, un journal très en vogue, qui depuis s'est enfermé dans les vieux livres, et qui sait son La Fontaine mieux qu'éditeur au monde, M. Cassat, me disait : « Quand j'ai lu

> Souffrez moins la galanterie,
> Ou quittez la dévotion...
> Tout le monde se met en peine
> De vous voir toujours incertaine
> Sans savoir à quoi vous borner.
> Vous finirez comme une sotte :
> Vous ne serez jamais dévote,
> Vous ne pourrez jamais aimer.

Mais voici peut-être l'épigramme en ce genre la plus sanglante, et je la cache tout au bas :

> Vous voulez en femme d'honneur
> Me refuser le point suprême :
> Vous marchandez à qui vous aime
> L'entier abandon du bonheur.
> Mais allez, vous avez beau faire
> Et triompher d'un air sévère
> Quand de là je reviens battu.
> Au lieu du tout, si l'on ne donne
> Qu'une moitié de sa personne,
> On n'est qu'une demi-vertu.

M. de Monmerqué possède beaucoup de vers inédits de Saint-Pavin.

Théocrite, je lis encore Fontenelle ; je préfère l'un ,
mais je sais passer à l'autre. *Je chausse alors un
autre bonnet de nuit, et je jouis d'une autre
oreille.* »

Ce serait trop demander pourtant au lecteur d'aujourd'hui que de me suivre en détail près de chaque
poëte de cette famille , de cette coterie. On aime à
retrouver tout un monde dans un fraisier ; mais il ne
faut pas que le fraisier soit trop desséché ni mort.
La plupart d'entre eux, d'ailleurs, reviennent de droit
à notre confrère M. Chasles, à titre de victimes de
Boileau. Il est un nom célèbre qui va me suffire à
résumer, à développer mon aperçu ; je m'en tiendrai
à madame Des Houlières.

Malgré ses injustices contre Racine , malgré l'inimitié de Boileau et les allusions vengeresses du sati-
rique peu galant, elle a survécu ; elle a joui longtemps de la première place parmi les femmes poëtes,
et ce n'est que devant un goût plus nouveau et dé-
daigneux que sa renommée est venue mourir. On
s'est impatienté à la fin contre ses *petits moutons*
toujours ramenés ; on avait commencé par les lui
contester, et l'accuser sérieusement de les avoir dé-
robés ailleurs ; mais il a suffi, sans tant y prendre

garde, de les lui attribuer, pour la faire paraître
insipide. Elle vaut, elle valait beaucoup mieux que
sa réputation aujourd'hui.

Quand on lit un choix bien fait de ses vers, des-
quels il faut retrancher absolument et ignorer tant
de fadaises de société sur sa chatte et sur son chien,
on est frappé chez elle de qualités autres encore que
celles u'on lui accordait jadis. Elle semble plus
moraliste qu'il ne convient à une bergère ; il y a des
pensées sous ses rubans et ses fleurs. Elle est un
digne contemporain de M. de La Rochefoucauld ; on
s'aperçoit qu'elle savait le fond des choses de la vie,
qu'elle avait un esprit très-ami du vrai, du positif
même ; on ne s'en serait pas douté, à lui en voir
souvent si peu dans l'expression. Mais ces contraires
se concilient. On s'appelle *Iris* ou *Climène*, ou de
nos jours de quelque nom à la Médora : la nature
retrouve son compte là-dessous.

Madame Des Houlières, n'étant encore que mademoiselle de La Garde, eut pour maître Hesnault, et
Bayle prétend qu'on s'en aperçoit bien. Il paraît
qu'Hesnault fut un peu amoureux d'elle, comme Ménage de madame de La Fayette son écolière[1] ; mais,

[1] Dans des vers adressés à mademoiselle Des Houlières la

très-peu pédant qu'il était, il ne le lui dit pas en vers grecs ni latins. On a son *Épître à Sapho*, dans laquelle il s'attache à lui déconseiller la gloire, et à l'édifier sur l'amour : c'est une très-ingénieuse pièce contre l'immortalité poétique. Hesnault n'y croyait pas. En revanche, on nous dit qu'il avait trois systèmes différents sur la mortalité de l'âme, tant il avait peur d'y manquer. Après avoir démontré, fort joliment, que la gloire *après la mort* n'est rien, il continue :

> Cessez donc, ô Sapho, de vous en faire accroire;
> Dans un monde nouveau ne cherchez plus la gloire,
> Et faites succéder, au soin de l'acquérir,
> Le soin de la connoître et de vous en guérir.
> Mais quoi? faut-il purger d'une erreur si grossière
> Un esprit si perçant et si plein de lumière?
>
> . . . .
>
> Si vous avez besoin d'être désabusée,
> C'est d'une erreur plus fine et plus autorisée :
> Le partage des morts se fait peu souhaiter;
> Mais celui des vivants a de quoi vous tenter.
> Si la gloire pour vous n'est rien après la vie,
> Tandis que vous vivez, elle vous fait envie.
> Cependant pourroit-elle exciter un désir,
> Si l'on ne la croyoit elle-même un plaisir?
> C'en est un, il est vrai, pour quelques âmes vaines;
> Mais, hélas! c'en est un qui donne mille peines.
> Il en est, ô Sapho, qui n'ont rien que de doux :
> Si vous les connoissez, que ne les cherchez-vous?
> S'ils vous sont inconnus, vous manque-t-il un maître?

fille, Ménage l'appelle *Hulleria*, comme il avait appelé madame de La Fayette *Laverna*; ces noms en latin prennent un air effrayant.

. . . .
Écoutez donc, Sapho, la nature et l'amour.
Je vous viens, de leur part, révéler leur mystère ;
Je n'en parle pas mal et je sais bien me taire.

Hesnault n'y allait point par deux chemins, on le
voit : madame Des Houlières ne le suivit sans doute
qu'avec discrétion. Dans ses vers pourtant, elle s'est
ressentie des préceptes généraux du maître. Bayle
leur a fait à tous les deux l'insigne et maligne faveur de
les impliquer dans une note de son article *Spinosa*. Il
cite d'elle les vers qui terminent l'idylle du *Ruisseau :*

Courez , Ruisseau, courez , fuyez-nous, reportez
Vos ondes dans le sein des mers dont vous sortez ;
Tandis que , pour remplir la dure destinée
      Où nous sommes assujettis ,
Nous irons reporter la vie infortunée
      Que le hasard nous a donnée ,
Dans le sein du néant d'où nous sommes sortis !

En paraissant admettre comme correctif que probablement la dame, en cela, n'avait suivi que des idées
poétiques qui ne tirent pas à conséquence, Bayle a
soin d'ajouter tout aussitôt, selon sa méthode de
nous dérouter : « Ce n'est pas qu'on ne puisse cacher beaucoup de libertinage sous les priviléges de
la versification. »

A côté des vers du *Ruisseau*, on en trouverait
bon nombre d'autres notables par la portée philoso-

phique, et moins contestables pour la doctrine. Sous le titre de *Moralités*, elle a exprimé bien des réflexions graves, vraies, amères, qui tendent à démasquer la vanité de notre nature. Quoi de plus sévèrement pensé, de plus sérieusement rendu que ce point d'une méditation sur la mort ?

> Que l'homme connoît peu la mort qu'il appréhende,
> Quand il dit qu'elle le surprend !
> Elle naît avec lui, sans cesse lui demande
> Un tribut dont en vain son orgueil se défend.
> Il commence à mourir long-temps avant qu'il meure ;
> Il périt en détail imperceptiblement [1] ;
> Le nom de mort qu'on donne à notre dernière heure
> N'en est que l'accomplissement.

Madame Des Houlières, qu'on voit de loin dans un costume couleur de rose, était triste ; c'est une des personnes qui, avec le plus de moyens naturels d'être heureuses, eurent aussi le plus à se plaindre de la fortune. Née vers 1658, environ sept ans après madame de La Fayette [2], mariée encore enfant à M. Des Hou-

---

[1] Racan, dans ses belles stances sur *la Retraite*, avait dit :

> L'âge insensiblement nous conduit à la mort.

Mais c'est dans un sentiment doux : le vers de madame Des Houlières est d'un autre accent.

[2] Cette date de la naissance de madame Des Houlières a été fixée, pour la première fois, par M. Ravenel (*Annuaire historique*, pour l'année 1840, publié par la Société de l'histoire de France). Jusqu'alors on l'avait crue née plus tôt, vers 1634. Il résulte des registres de l'état civil qu'elle a été baptisée le 2 janvier 1638, à Saint-Germain l'Auxerrois ; elle était probablement née

lières, brave et habile officier, qui suivit le prince de
Condé dans la Fronde et chez les Espagnols, elle
passa ses premières années de mariage, solitaire,
retirée chez ses parents. La philosophie de Descartes
et celle de Gassendi étaient aux prises. Au lieu de
s'enflammer, comme madame de La Sablière, pour
Descartes, elle pencha vers Gassendi : ce qui au fond
n'était pas moins s'occuper

> De certaine philosophie
> Subtile, engageante et hardie.

Étant allée rejoindre son mari dans les Pays-Bas
espagnols, elle y trouva le prince de Condé et toute
une cour à Bruxelles. Sa beauté, son esprit, y firent
des conquêtes ; elle y brilla, et ce fut son plus heureux moment. Le retour bien prompt en eut plus
d'amertume. Des réclamations trop vives pour les
appointements de son mari la firent jeter en prison :
elle y resta huit mois. Rentrée en France, ayant

la veille, ou, au plus tôt, le dernier jour de l'année 1637. Mariée, le 18 juillet 1651, à M. Des Houlières, elle n'avait guère que
treize ans et demi, ce qui ne laisse pas d'être une petite difficulté. Il faut croire que des arrangements de famille déterminèrent
cette conclusion précoce. Il paraît qu'elle ne rejoignit son mari
dans les Pays-Bas que plusieurs années après. Elle était bien
jeune encore pour le rôle qu'on lui prête ; mais tout annonce
que sa maturité, comme ensuite son désabusement, devança l'âge.

négocié la grâce de M. Des Houlières, qui reprit du
service et vécut fort peu à ses côtés, elle ne put jamais
relever ses affaires de fortune, dérangées par une
longue absence, et sa vie se passa dans des gênes
continuelles, que l'agrément de la société ne recou-
vrait qu'à demi. Les vers allégoriques à ses enfants :
Dans ces prés fleuris, etc., ne sont qu'une manière
de placet à Louis XIV, désigné comme le dieu Pan,
une inspiration très-*positive* enveloppée avec grâce.
Ainsi de ses autres idylles : presque toujours une
plainte au fond. Sa santé se dérangea d'assez bonne
heure ; elle mourut en février 1694, d'une maladie
au sein, n'ayant pas plus de cinquante-six ans. Un
voyage dans le Dauphiné, aux bords du Lignon, une
visite à Vaucluse, rentrent davantage dans le genre
d'existence bocagère qu'on lui suppose. Elle n'en
eut que le regret et le rêve. Observant autour d'elle
et en elle l'humanité d'une vue un peu chagrine,
elle envia tour à tour les moutons, les fleurs, les oiseaux, les ruisseaux, cette nature enfin qu'elle
voyait trop peu. Elle ne cessa d'envisager le sort,
ses jeux bizarres, ses injustices, d'agiter en idée la
faiblesse de l'homme, ses déceptions vaines, l'insuffisance de sa raison :

Homme, vante moins ta raison;
Vois l'inutilité de ce présent céleste
Pour qui tu dois, dit-on, mépriser tout le reste.
Aussi foible que toi dans ta jeune saison,
    Elle est chancelante, imbécile;
Dans l'âge où tout t'appelle à des plaisirs divers,
Vile esclave des sens, elle t'est inutile;
Quand le sort t'a laissé compter cinquante hivers,
    Elle n'est qu'en chagrins fertile:
    Et, quand tu vieillis, tu la perds.

Reprenant la question posée par son maître Hesnault sur le désir immodéré qu'ont les hommes de léguer leurs noms à la postérité, elle en réfute non moins sérieusement que lui la chimère : espère-t-elle donc les en guérir, s'en guérir elle-même?

Non, mais un esprit d'équité
A combattre le faux incessamment m'attache,
Et fait qu'à tout hasard j'écris ce que m'arrache
    La force de la vérité.

Elle s'est plue à rimer en les variant, à traduire çà et là en espèce de madrigal moral quelqu'une des maximes de La Rochefoucauld, dont l'esprit lui convenait fort : comme lui aussi elle avait vu périr son idéal dans la Fronde.

Elle avait, à sa rentrée en France, fréquenté les derniers jours de l'hôtel Rambouillet, et pris un rang distingué entre les précieuses. Somaize n'a pas manqué de l'enregistrer dans son *grand Diction-naire* sous le nom de *Dioclée.* Son ton, son goût

s'était fixé dès-lors, et, à la différence de mesdames
de Sévigné et de La Fayette, elle ne le modifia guère
en avançant : de là, dans ses poésies, une mode qui
pouvait, dès les années finissantes du siècle, paraître
un peu vieillie. Au plus plein milieu du règne de
Louis XIV, aux années d'*Iphigénie* et de *Phèdre*,
elle croyait à la décadence ; mais passons vite, c'est
là son crime. Disons seulement qu'elle fut fidèle aux
souvenirs et aux admirations de sa jeunesse, à l'ancienne et galante cour, comme elle l'appelait ; elle
remontait ainsi en idée jusqu'aux Bellegardes et aux
Bassompierres : tout ce qui survenait de nouveau,
même à Versailles, lui paraissait peu poli ; elle ne s'y
mêlait que malgré elle, et se croyait au moment de
perdre les seuls derniers auditeurs auxquels volontiers elle s'adressait :

> Que ferez-vous alors ? Vous rougirez sans doute
> De tout l'esprit que vous aurez ;
> Amarante, vous chanterez
> Sans que personne vous écoute [1] !

[1] Dans une ode de l'élégant poëte Maynard, ce survivant de
l'école de Malherbe, on lit une plainte toute pareille, et qui,
à chaque génération, trouverait son écho :

> L'âge affoiblit mon discours,
> Et cette fougue me quitte,
> Dont je chantois les amours
> De la Reine Marguerite.

Ce qu'elle disait là à une amie, elle se l'appliquait à elle-même ; le lendemain de *Genseric* elle dut le croire bien davantage. Dans ses vers d'idylle ou de chanson, elle n'était pourtant pas si raffinée toujours qu'il semblerait d'après ses délicatesses. L'hôtel Rambouillet n'avait pas réduit toute la matière en vapeur. Ses *Sylvandres* sont quelquefois pressants, et ses *Iris* savent rougir de manière à se faire comprendre. Si, par hasard, les ombrages qui renaissent ne servent qu'à cacher des pleurs, c'est bien malgré la bergère, qui s'écrie :

Ah ! je n'aurai jamais d'autre besoin de vous !

Jusque près de la fontaine de Vaucluse , elle s'est imaginé (qui le croirait ?) de voir Laure attendrie et *Pétrarque victorieux.*

On sait le mot peu platonique de madame de La Sablière, repris depuis par Figaro : — « Eh ! quoi ? toujours aimer, recommencer sans cesse ? Les bêtes du moins n'ont qu'une saison. » — « C'est que ce sont des bêtes. » Madame Des Houlières, sans le dire

C'est en vain que je prétends
De plaire aux polis du tems :
Trouve bon que je me taise.
Tout ce que j'ai d'auditeurs
Est de ce règne où Nervèze
Fut le roi des orateurs.

de ce ton de prose, et sous air innocent de donner l'avantage aux bêtes, n'est pas si loin de cette idée en ses idylles : ses petits moutons sont *aussitôt aimés qu'amoureux.*

> Petits oiseaux qui me charmez,
> Voulez-vous aimer ? vous aimez.

Mademoiselle de Lenclos, sur le luth, devait chanter ses *airs :* plus d'un rappelle cette *Chanson pastorale* du poëte Lainez, qui commence par le rossignol et finit par les moineaux.

En un mot, un peu de XVIIIe siècle déjà en madame Des Houlières, puisqu'on est convenu d'appeler XVIIIe siècle cela[1]. — A côté de ces libertés de muse, elle avait la vie pure, irréprochable, disent ses biographes, et peut-être assez de pratique religieuse, au moins pour la bienséance d'abord, et vers la fin (selon toute apparence) avec sincérité. Ainsi se gouverne l'inconséquence de nos esprits, assemblant les contradictions selon le siècle et les âges. Mais la tendance était chez elle, et j'ai voulu la noter. Elle fit une ode chrétienne en 1686, au milieu des souffrances physiques qui, dès-lors, l'éprouvaient : le ton en est élevé, senti ; j'y remarque ce vers :

[1] Par exemple la chanson sur l'abbé Testu.

Ôte-moi cet esprit dont ma foi se défie !

L'esprit persistait ; la philosophie revient toute voisine
de cette pièce pénitente et de quelques paraphrases
des Psaumes, dans des réflexions hautement stoïques ;
on dirait qu'elle essaie la mort de tous les côtés :

> Misérable jouet de l'aveugle fortune,
>   Victime des maux et des lois,
>   Homme, toi qui, par mille endroits,
>   Dois trouver la vie importune,
> D'où vient que de la mort tu crains tant le pouvoir ?
> Lâche, regarde-la sans changer de visage ;
>   Songe que, si c'est un outrage,
>   C'est le dernier à recevoir !

Elle fut très-sensible à l'amitié ; on la trouve en-
tourée de mille noms alors en vogue, dont quelques-
uns ont pâli sans doute ; mais, pour la douceur de
la vie, il n'est pas nécessaire d'avoir affaire aux
seuls immortels. Elle jouissait de tous : on ne dit pas
que, comme madame de La Fayette, elle se soit singulièrement attachée à aucun. Elle semblait leur
dire, au milieu des fleurs qu'elle en recevait, comme
à l'abbé de Lavau :

>   Que vous donner donc en leur place ?
>   Un simple bonjour ? c'est trop peu ;
> Mon cœur ? c'est un peu trop, quoique sa saison passe.

Des noms graves s'y mêlaient, et sous un reflet très-
radouci. Elle a écrit à Mascaron une épître badine

datée des bords même du Lignon. Elle cultiva pré-
cieusement Fléchier, qui le lui rendit ; Fléchier, caractère noble, esprit galant, qui n'a d'autre tort que
d'avoir été trop comparé par les rhéteurs à Bossuet,
qu'il fallait seulement (à part son éclair sur Turenne)
rapprocher de Bussy, de Pellisson, de Bouhours, et
dont le portrait par lui-même est bien la plus jolie
pièce sortie de la littérature Rambouillet. Ce n'est
pas à madame Des Houlières, mais à sa fille, qu'il
l'adressa. Vivant dans ses diocèses, à Lavaur, à
Nîmes, c'est-à-dire en province, il regrettait quelque
peu le monde de Paris et les belles compagnies let-
trées ; il était d'autant mieux resté sur le premier
goût de sa jeunesse. Il correspondait à ses loisirs avec
madame Des Houlières, qui se plaignait quelquefois
en vers de ses involontaires négligences :

> Damon, que vous êtes peu tendre !

Elle le traite comme un *sage du Portique*, et le me-
nace d'appeler l'amour au secours de l'amitié :

> Un sage être amoureux ? Qu'est-ce qu'on en diroit ?

Fléchier lui envoyait en offrande, pour l'apaiser, du
miel de Narbonne [1].

---

[1] Ils furent tous les deux élus membres de l'Académie des *Ri-*

Dans ses meilleurs et ses plus poétiques moments, madame Des Houlières a fait de jolis *airs :* c'est ainsi qu'elle appelle un simple couplet, une idée tendre,

covrati de Padoue. Charles Patin, fils de Guy Patin, et qui résidait à Padoue même, intervient comme le négociateur de ces brevets. Elle fut aussi de l'académie d'Arles. A propos de derniers rondeaux, j'en sais un sur Arles, moins académique que gaulois, et qui remonte tout-à-fait pour le ton à l'école bourguignonne de La Monnoie, autre ami de madame Des Houlières. C'est une allusion au *calidus juventá consule Planco* d'Horace. Il faut se rappeler encore que les *Aliscamps* ou Champs-Élysées sont l'antique et célèbre cimetière de la ville, et que les femmes d'Arles sont d'une insigne beauté. Le voici :

RONDEAU.

Sous le consulat de Plancus,
En Arles la belle Romaine,
Devant la grace souveraine,
Les coups d'œil lancés et reçus
De ces beautés au front de reine,
Cher ami, que ta jeune veine
Range encor dans les invaincus,
Qui pourtant comprendras ma peine,
Ah! quels jours j'eusse là vécus
Sous le consulat de Plancus!

Redisant le mot de Flaccus,
Répétant ma plainte trop vaine,
Je vais donc où mon pas me mène,
Vers les grands débris aperçus.
Vaste amas de poussière humaine,
Blancs *Aliscamps*, je vous ai vus!
J'erre seul, et de loin à peine
J'entends les savans convaincus :
A ce fronton l'un veut Bacchus,
L'autre Constantin fils d'Hélène ;
Moi, j'ai ma date plus certaine,
Et je lis encore aux murs nus :
Sous le consulat de Plancus.

fugitive, un sentiment rapide qui nous arrive comme à travers un son de vieux luth ou de clavecin. Nos pères aimaient cette émotion suffisante, vive, non prolongée; Bertaut a des couplets de cette sorte charmants, de vraies *naïvetés enchantées*. Madame Des Houlières en a juste dans ce goût, dans cette même coupe déjà ancienne alors, et qui rappelait la jeunesse de madame de Motteville. Presque toujours le printemps, comme chez les trouvères, en est le sujet :

> L'aimable Printemps fait naître
> Autant d'amours que de fleurs ;
> Tremblez, tremblez, jeunes Cœurs :
> Dès qu'il commence à paroître,
> Il fait cesser les froideurs ;
> Mais ce qu'il a de douceurs
> Vous coûtera cher peut-être.
> Tremblez, tremblez, jeunes Cœurs ;
> L'aimable Printemps fait naître
> Autant d'amours que de fleurs.

N'est-ce pas comme un chant de gaie fauvette qui le salue ? Mais quoi de plus touchant comme simple note, et de plus sensible que cet *air*-ci :

> Aimables habitans de ce naissant feuillage
> Qui semble fait exprès pour cacher vos amours,
> Rossignols, dont le doux ramage
> Aux douceurs du sommeil m'arrache tous les jours,
> Que votre chant est tendre !
> Est-il quelques ennuis qu'il ne puisse charmer ?
> Mais hélas ! n'est-il point dangereux de l'entendre
> Quand on ne veut plus rien aimer ?

Ainsi, chez madame Des Houlières, la sensibilité, la mélodie, remplacent quelquefois ce qui manque pour l'imagination, et font taire le bel-esprit moraliste et raisonneur. Dans ses pièces plus longues, elle a moins réussi; en quelques stances, pourtant, on découvrirait des éclairs de passion et surtout des traits de grâce. Dans certaine de ses églogues, la bergère délaissée accuse les bocages de s'être prêtés aux amours infidèles de l'ingrat durant toute une saison,

> Depuis que les beaux jours, à moi seule funestes,
> D'un long et triste hiver eurent chassé les restes,
> *Jusqu'à l'heureux débris de vos frêles beautés.*

Madame Des Houlières offre trop peu de vers comme ce dernier.

Je crois toutefois en avoir assez dit pour montrer qu'elle mérita de vivre. Il ne s'agit ni de réhabiliter, ni de proposer pour modèle, mais simplement de reconnaître ce qui fut, de retrouver, s'il se peut, la poésie aux moindres traces où elle a passé. La destinée posthume de madame Des Houlières ne manqua pas de vicissitudes; elle semblait d'avance s'y attendre en se disant :

> Tandis que le soleil se lève encor pour nous,
> Je conviens que rien n'est plus doux
> Que de pouvoir sûrement croire
> Qu'après qu'un froid nuage aura couvert nos yeux,

Rien de lâche, rien d'odieux
Ne souillera notre mémoire ;
Que regrettés par nos amis
Dans leur cœur nous vivrons encore.
Pour un tel avenir tous les soins sont permis :
C'est par cet endroit seul que l'amour-propre honore.
Il faut laisser le reste entre les mains du sort.

On l'accusa pourtant d'une action presque odieuse d'avoir pillé son idylle des *Moutons* dans le recueil de Coutel. Ce fut vers 1755 que se fit cette grande découverte : presque à la fois le *Mercure Suisse*, dans le numéro d'avril de cette année, le baron de La Basti et le président Bouhier, dans des lettres à l'abbé Le Clerc (janvier et février 1755) [1], dénonçaient ou discutaient le prétendu plagiat. Fréron, depuis, et d'autres sont entrés en lice : nous les y laissons, certain que l'idée de s'adresser à des moutons n'est pas neuve, et que la manière dont l'a fait madame Des Houlières s'approprie au tour exact de son esprit [2]. À part ce soupçon injurieux, elle continuait de garder sa place. J.-B. Rousseau, il est vrai, dans sa correspondance, affecte de la rabaisser : vieille rancune de versificateur à la suite de Racine, contre l'école de

[1] Tome V des *Nouveaux Mémoires d'Histoire, de Critique et de Littérature*, par l'abbé d'Artigny.
[2] Pour les curieux ou ceux qui douteraient, une excellente note de Lemontey, dans son morceau sur madame Des Houlières, éclaircit ce point définitivement.

Fontenelle[1]. Voltaire, si plein de tact en courant quand il est désintéressé, nous indique du doigt, dans son *Temple du Goût*, « le doux, mais faible Pavillon, faisant sa cour humblement à madame Des Houlières, qui est placée fort au-dessus de lui. » Pour revenir à l'école même qu'elle représente, et que nous avons montrée un peu jetée de côté dans le XVIIe siècle, il semble qu'elle ait eu sa revanche au XVIIIe; je veux dire que, même sans qu'on s'en rendît compte, cette manière avant tout spirituelle, métaphysique, moraliste et à la fois pomponnée, de faire des vers, prévalut et marqua désormais au front la poésie du siècle, avec quelques différences de rubans et de nœuds seulement. On en peut demander des nouvelles à Saint-Lambert, qui est en plein milieu. Voltaire, de toutes parts entouré, y échappe le plus souvent à force d'esprit et de saillie vive. La cour de Sceaux s'y complut trop pour en sortir. Et combien n'y a-t-il pas, en effet, de madame Des Houlières

---

[1] Lettre de Rousseau à Brossette du 4 juillet 1750 : « Il y a plus de substance dans le moindre quatrain de mademoiselle Cheron que dans tout ce qu'a fait en sa vie madame Des Houlières...»—Sur les relations de Fontenelle et de madame Des Houlières, il y a une note de Trublet (*Mémoires sur Fontenelle*). Bien qu'étant de la même école en poésie, et ayant des ennemis communs, ils n'eurent pourtant pas entre eux de liaison particulière.

dans le goût comme dans les idées de cette spirituelle Launay, contre laquelle un illustre critique a été si ingénieusement sévère[1] ! Il a eu raison de l'être : le genre plus ou moins précieux, qui s'était tenu dans les coulisses sous Louis XIV, rentrait en scène en s'émancipant. Des révolutions sérieuses rompirent cette filiation, qui n'était vraie que par un point à l'origine. La plupart des noms surtout, en s'éloignant, s'évanouirent. Au commencement de ce siècle on se retourna encore pour regarder un moment ces petites gloires prêtes à disparaître : mademoiselle de Meulan, qui n'était pas sans quelque rapport de bel-esprit moraliste avec madame Des Houlières, a parlé d'elle plus d'une fois et assez bien. Mais, puisque nous en sommes à ce qui est fini, il est une femme poëte, plutôt nommée que lue, qui me paraît à certains égards de l'école dont j'ai parlé, et en reproduire qualités et défauts, avec la différence des époques, madame Dufrenoy.

La différence est d'abord dans la distance même qui sépare la fin du xviiie siècle et le xviie. Les contemporains de madame Dufrenoy crurent que c'était

[1] M. Villemain ; *Tableau du dix-huitième Siècle*, onzième leçon.

pour celle-ci un avantage, et qu'elle allait être classique plus sûrement. M. Jay a écrit dans des *Obser-
vations* sur elle et sur ses œuvres : « Supérieure sous
tous les rapports à madame Des Houlières, mais ne
devant peut-être cette supériorité qu'à l'influence des
grands spectacles dont elle fut témoin et dont elle
reçut les impressions, elle a conquis une palme
immortelle... » L'originalité poétique de madame Dufrenoy (si on lui en trouve) n'est pas dans les chants
consacrés à des événements publics, mais dans la
simple expression de ses sentiments tendres. Béranger
y songeait surtout, quand il a dit :

> Veille, ma Lampe, veille encore,
> Je lis les vers de Dufrenoy.

De bonne heure, le maître habile qu'elle eut (comme
madame Des Houlières, Hesnault), et qui n'était
autre que Fontanes, la détourna des graves poëmes et
lui indiqua son sentier :

> Aimer, toujours aimer, voilà ton énergie.

Chez elle, dans ses élégies, plus de petits moutons ni
de bergère Célimène ; il était moins besoin de traves-
tissement : c'est de l'amour après Parny ; Boufflers a
déjà chanté le *cœur ;* le positif enfin se découvre tout
a nu. Je remarque dans le style quelque chose de

précis, pas plus d'imagination et bien moins d'esprit que chez madame Des Houlières. Mais le goût d'un jour, la manière, est-elle pour cela absente? Quand l'amante poëte nous dit :

> Arrangeons ce nœud, la parure
> Ne messied point au *sentiment*,

pompon pour pompon, n'est-ce pas un peu comme à l'hôtel Rambouillet? Les premières élégies de madame Dufrenoy commencèrent de paraître dans les recueils poétiques aux environs de 89. Si on en compare le texte à celui des dernières éditions, on est frappé des différences. Elle-même avait pu assister déjà au changement de couleur de ses rubans, et elle essayait de les reteindre. Si on lit, dans l'Almanach des Muses de 1790, la pièce qui a pour titre *le Pouvoir d'un Amant:*

> J'aime tout dans celui qui règne sur mon cœur, etc.,

on est surpris du jargon qu'elle a osé hasarder, et qui semblait tout simple à cette date. Elle l'a senti depuis : dans les réimpressions, l'air *vaurien* d'Elmandre s'est corrigé en air *lutin;* elle a supprimé ce vers incroyable :

> Son infidélité devient une faveur !

On lit un peu plus délicatement :

> Son tendre repentir donne encor le bonheur.

J'appelle cela des ressemblances avec madame Des Houlières, parce que ce délire à la Zulmé, du temps de Bertin, eût été fadeur d'Iris au temps des bergeries. C'est ainsi, à la distance d'un siècle, que les défauts de goût, en quelque sorte, se *transposent*. Un rapport entre elles qu'on aime mieux signaler est dans les traits de passion, évidents chez madame Dufrenoy, mais non pas absents dans l'autre muse. Toutes les deux paraissent avoir senti l'infidélité avec une douleur qui n'éteignit pas l'amour :

> Amour, redonnez-lui le dessein de me plaire ;
> Mais, quoi que l'ingrat puisse faire,
> Ne sortez jamais de mon cœur !

Madame Des Houlières, en des stances, l'a dit ; madame Dufrenoy l'a redit en cent façons dans ses élégies, et dans la plus ardente, *les Serments*. C'est la mise en action de ce mot de La Rochefoucauld : *On pardonne tant que l'on aime*. Il semble que cette inspiration d'un amour sans bonheur, la douleur passionnée, ait fait aussi le premier génie de madame Valmore. Corinnes et Saphos, toutes vont là. Toujours le cœur brisé qui chante, toujours le cri en

poésie de cette autre parole dite à voix plus basse, en
prose plus résignée, et que bien des existences sensibles ont pensée en avançant : « Il n'y a qu'une date
pour les femmes et à laquelle elles devraient mourir,
c'est quand elles ne sont plus aimées. » Mais je
touche à l'élégie moderne, et je n'y veux pas rentrer
aujourd'hui.

Ce n'était qu'un rien que ce point littéraire ici
aperçu ; j'ai tenu pourtant à ne le pas laisser fuir. En
feuilletant au hasard quelques petits in-12 oubliés,
un reflet de soleil m'a paru éclairer et comme des-
siner exactement cette traînée de parcelles dans la
poussière ; si je ne l'avais pas saisie à l'instant, je ne
l'aurais sans doute plus revue jamais. Nous passons
si vite nous-mêmes, nous paraîtrons si peu ; il est
doux de comprendre tout ce qui a vécu.

15 octobre 1859.

CHRISTEL.

CHRISTEL.

—o◇o—

Durant l'hiver de 1819, vers la fin de février, dans une petite ville du Perche, arrivèrent, pour s'y établir, une mère et sa fille; elles venaient tenir le bureau de poste aux lettres, que de graves plaintes portées contre le prédécesseur avaient rendu vacant. Elles arrivèrent le soir, et, dès le lendemain, elles occupaient, dans la rue qui continue la place, la petite maison où, depuis bien des années, était situé le bureau. Le loyer de cette maison leur avait été cédé; la pièce du rez-de-chaussée sur la rue devint leur résidence habituelle.

Après quelques légers changements qu'elles firent exécuter, la distribution du bureau se présentait ainsi : la pièce, avec deux fenêtres, n'avait point d'entrée par la rue ; la porte extérieure était celle de l'ancienne allée, dont la cloison, du côté de la chambre, avait été à moitié abattue, et où l'on avait placé une grille de bois à travers laquelle se faisaient les échanges de lettres. Comme suite à la grille, vers le fond de l'allée, une porte grillée aussi , et non fermée, donnait entrée dans le bureau.

Les deux personnes qui venaient occuper cette humble et assujettissante position, et passer de longues journées sans murmure à ces fenêtres monotones et en vue de cette grille de bois, étaient bien loin de s'y trouver accoutumées par leur vie antérieure. La baronne M..., veuve d'un chef d'escadron mort en 1815 de chagrin et de fatigue après les désastres des Cent-Jours, était Allemande de naissance. Rencontrée à Lintz, aimée et enlevée de son gré par M. M..., alors lieutenant sous Moreau, elle s'était brouillée pour la vie avec sa très-noble famille , et avait suivi **partout son mari dans les diverses contrées. Sa fille,**

née en Suisse, dans le frais Appenzel, avait plus
tard doré son enfance au soleil d'Espagne. Cette
jeune personne qui avait atteint dix-huit ans faisait
l'unique soin de sa mère. A la mort de M. M...,
sans fortune, sans pension, la fière et noble veuve
avait vécu, durant deux années, de quelques éco-
nomies, de la vente de quelques bijoux, des restes
enfin d'une situation qui avait pu sembler brillante.
Elle préférait tout à la seule idée de renouer com-
munication avec sa famille d'Allemagne à dix quar-
tiers, qui, même après le mariage de Marie-Louise,
avait été pour elle sans pardon. La détresse mena-
çante, la vue surtout de sa fille, allaient la forcer
peut-être à écrire. L'arrivée du général Dessolles au
ministère fut un éclair d'espérance ; son mari avait
servi sous lui. Le général, en attendant mieux, fit
aussitôt accorder ce bureau de poste, et c'est ainsi
qu'elles arrivaient.

Il y avait deux mois environ que la mère et la
fille remplissaient l'office qui devenait leur unique
ressource dans le présent, et même leur dernière
perspective d'avenir (on disait déjà que M. Dessolles
se retirait); leur vie était établie telle, ce semble,

qu'elle devait demeurer longtemps. Elles ne sortaient pas, elles n'avaient fait aucune connaissance dans la ville ; une ancienne domestique amenée avec elles les servait. La mère malade, et à jamais brisée au dedans, ne bougeait guère du fauteuil placé près de la fenêtre du fond. Dès que la porte de la rue s'ouvrait et qu'un visage paraissait à la grille, la jeune fille était debout, élancée, polie, prévenante pour chacun (comme si elle n'avait été élevée qu'à cela), recevant de sa main blanche les gros sous des paysans qui affranchissaient pour leur *pays* ou *payse* en condition à Paris. Les jours de marché particulièrement, elle répondait à tous et les aidait quelquefois à écrire l'adresse de leurs lettres ou même la lettre tout entière. Elle fut bientôt connue et respectée de ces gens des environs, bien qu'ils fussent d'une fibre, en général, ingrate, d'une nature révêche et dure.

Un jour, une après-midi, pendant que sa mère, au sortir du dîner, sommeillait dans son fauteuil, comme il lui arrivait souvent (et c'étaient ses meilleures heures de repos), la jeune fille, Christel [1],

---

[1] *Christel*, dans les ballades du Nord, quelque chose de plus **doux** que *Christine*.

rêveuse, attentive au rayon de premier printemps
qui perçait jusqu'à elle ce jour-là et jouait dans la
chambre, rangeait d'une main distraite les lettres
reçues, la plupart à distribuer, quelques-unes (pour
les châteaux des environs) à garder poste restante.
Parmi ces dernières, il lui arriva d'en remarquer jusqu'à trois à la même adresse, à celle du comte Hervé
de T..., et toutes les trois de la même main, d'une main
qui semblait élégante, et de femme, et comme mys-
térieuse. Parmi ces autres papiers grossiers, la netteté du pli les séparait et disait qu'un ongle délicat
y avait passé. L'odeur fine qui s'en exhalait sentait
encore le lieu embaumé d'où le triple billet coup sur
coup était sorti. Ces traces légères remirent Christel
aux regrets de la vie élevée et choisie pour laquelle
elle était née. Fille simple, généreuse, capable de
tous les devoirs et de tous les sacrifices, elle avait
un fonds de distinction originelle, plus d'une goutte
de sang des nobles aïeux de sa mère, qui se mêlait ,
sans s'y perdre, à toutes les franchises d'une nature
ingénue et aux justes notions d'une éducation saine.
Sa soumission au sort dissimulait seulement l'intime
fierté, comme sa simplicité courante permettait toutes
les grâces, comme sa douceur recélait des flammes.

11.

Christel souffrait ; ce jour - là elle souffrait plus.
Elle se cachait soigneusement de sa mère, et, de
peur de se trahir, elle tâchait de ne se l'avouer à
elle-même que durant l'heure de ce sommeil de
chaque après-dînée, qui la laissait comme seule à sa
tristesse. Christel n'avait aimé encore ni pensé à
aimer que sa mère ; elle ne l'avait jamais quittée
que pendant une année pour aller à Écouen, et
ç'avait été la dernière année de cette maison. Les
douleurs de sa patrie française tenaient une grande
place dans la jeune âme, et couvraient pour elle le
vague des autres sentiments. Pourtant les frais souvenirs d'enfance qu'elle évoquait à cette heure, les
beaux lieux qu'elle avait traversés et qui s'étaient
peints si brillants en elle, tel bosquet d'Alsace, tel
balcon de Burgos, les mille échos d'une militaire
fanfare dans le labyrinthe gazonné d'un jardin des
camps, n'étaient là, sans qu'elle le sût, que comme un
prélude sans cesse recommençant, comme un cadre
en tous sens remué pour celui qu'elle ignorait et qui
ne venait pas. Christel prit les trois petites lettres et
les mit à part sur un coin du bureau, comme pour ne
pas les mêler aux autres : Quel bonjour empressé, se
disait-elle, quel appel impatient et redoublé, quel gra-

cieux chant d'avril devait-il en sortir pour celui qui les lirait ! Elle achevait à peine de les poser qu'un jeune homme entra, et, se découvrant respectueusement derrière la grille, demanda si l'on n'avait pas de lettres à l'adresse qu'il nomma. Christel, au moment où la porte de la rue s'était ouverte, avait brusquement quitté sa place et était déjà debout, à demi élancée, comme elle faisait pour tous (craignant toujours, la noble enfant, de ne pas assez faire). A la question de l'adresse, elle répondit *oui* vivement, sans avoir besoin de regarder au bureau, et avant d'y songer ; puis, s'apercevant peut-être de sa promptitude, elle remit les trois lettres en rougissant.

Le comte Hervé était trop occupé de ce qu'il recevait pour s'apercevoir d'autre chose ; il sortit en saluant, et, lorsqu'il passa devant les fenêtres, Christel vit qu'il avait déjà brisé l'un des cachets, et qu'il commençait à lire avidement ce qui semblait si pressé de l'atteindre.

D'autres lettres vinrent les jours suivants ; il revint lui-même, poli, silencieux, tout entier à ce qu'il recevait. Un singulier intérêt s'y mêlait pour Christel : évidemment ce jeune homme aimait, il était aimé. Le comte Hervé n'avait pas vingt-cinq

ans ; il était beau, bien fait; il avait servi quelque
temps dans les gardes d'honneur, puis dans les
mousquetaires, je crois, en 1814. Depuis plusieurs
mois, il avait quitté le service, Paris et le monde,
pour vivre dans la terre de son père, à une lieue
de là. C'était une des plus anciennes et des grandes
familles du pays. Christel n'apprit ces détails que successivement, et sans rien faire pour s'en enquérir ;
mais, quoique elle et sa mère ne reçussent habituelle-
ment aucune personne du lieu, les simples propos
des voisines, la plupart du temps en émoi, si l'on
voyait le jeune homme arriver au galop du bout de
la place, puis mettre son cheval au pas en approchant, auraient suffi pour instruire. Cet *intérêt* de
Christel pour une situation qu'elle devina du premier coup, fut-il, un seul instant, purement curieux,
attentif sans retour, et, si l'on peut dire, *désintéressé ?* Un certain trouble et la souffrance ne s'y
joignirent-ils pas aussitôt? Elle-même l'a-t-elle
jamais su ? Ce qui est certain, c'est qu'un jour en
agitant dans ses mains quelqu'une de ces lettres
mignonnes, odorantes, et transparentes presque
sous la finesse du pli, elle se sentit saigner comme
d'une soudaine blessure ; elle se trouva empoisonnée

comme dans le parfum. En les remettant ce jour-là, une rougeur plus brûlante lui monta au front, elle pâlit aussitôt ; elle aimait.

Amour, Amour, qui pourra sonder un seul de tes mystères? depuis la naissance du monde et son éclosion sous ton aile, tu les suscites toujours inépuisés dans les cœurs, et tu les varies. Chaque génération de jeunesse recommence comme dans Éden, et t'invente avec le charme et la puissance des premiers dons. Tout se perpétue, tout se ranime chaque printemps, et rien ne se ressemble, et chaque coup de tes miracles est toujours nouveau. Le plus incompréhensible et le plus magique des amours est encore celui que l'on voit et, s'il est possible, celui que l'on sent. Ne dites pas qu'il ne naît qu'une seule fois pour un même objet dans un même cœur, car j'en sais qui se renflamment comme de leur cendre et qui ont eu deux saisons. Ne dites pas qu'il naît ou ne naît pas tout d'abord décidément d'un seul regard, et que l'amitié une fois liée s'y oppose ; car un poëte qui savait aussi la tendresse, a dit :

Ah ! qu'il est bien peu vrai que ce qu'on doit aimer,
Aussitôt qu'on le voit, prend droit de nous charmer,

Et qu'un premier coup d'œil allume en nous les flammes
Où le Ciel, en naissant, a destiné les ames [1] !

Dante, Pétrarque, ces mélodieux amants, ont pu noter l'an, et le mois, et l'heure, où le Dieu leur vint ; ils ont eu l'étincelle rapide, sacrée, le coup de tonnerre lumineux. Un autre aussi sincère, après deux années de lenteur, a pu dire :

Tout me vint de l'aveugle habitude et du temps.
Au lieu d'un dard au cœur comme les combattans,
J'eus le venin caché que le miel insinue,
Les tortueux délais d'une plaie inconnue,
La langueur irritante où se bercent les sens ;
Tourmens moins glorieux, moins beaux, moins innocens,
Mais plus réels au fond pour la moelle qui crie,
Qu'une resplendissante et prompte idolatrie !

Chacun à son tour se croit le mieux aimant et le plus frappé. La jeunesse va penser que ces chers orages ne sont complets que pour elle ; attendez ! l'âge mûr en son retard, s'il les rencontre, les accusera plus violents et plus amassés. Ainsi chacun aime d'un amour souverain et parfait, s'il aime vraiment. Mais de tous ces amours, le plus parfait pourtant et le plus simple, à les bien comparer, sera toujours celui qui est né le plus *sans cause*.

Pourquoi Christel aima-t-elle le comte Hervé ? Pourquoi du second jour l'admirait-elle si passionnément ? Il vient, il entre et salue, et n'est que froide-

[1] Molière, *Princesse d'Elide*, acte I, scène 1.

ment poli ; pas une parole inutile, pas un regard.
Elle ne le connaît que de nom et par une simple in-
formation dérobée aux propos voisins. Elle l'admire
par ce besoin d'admirer qui est dans l'amour. Qu'a-
t-il donc fait pour cela ? Comme si, pour être aimé, il
était besoin de mériter. Il est beau, jeune, ému, fidèle
évidemment, et peut-être malheureux : que faut-il de
plus ? Il a de la grâce à cheval quand il repasse devant
les fenêtres et qu'elle le voit monter. Il lui semble
qu'elle connaisse tout de lui : oh ! combien elle comp-
terait fermement sur lui, si elle était celle qu'il aime !

Ces lettres perpétuelles faisaient comme un feu qui
circulait par ses mains et qui rejaillissait dans son
cœur. Le courrier de Paris arrivait vers deux heures
et demie, à l'issue du dîner ; bien peu après, dès que
sa mère lassée commençait à sommeiller, Christel
s'approchait sans bruit du bureau et faisait rapidement le départ ; puis elle prenait la lettre pour
Hervé, mise tout d'abord de côté, et la tenait longtemps dans sa main, et non pas sans trembler,
comme si elle se fût permis quelque chose de dé-
fendu. Elle la tenait quelquefois jusqu'à ce que sa
mère s'éveillât ou que lui-même il vînt, ce qu'il faisait d'ordinaire vers quatre heures. Elle avait fini

par lire couramment la pensée du cachet qui se va-
riait sans cesse avec caprice, facile blason de coquetterie encore plus que d'amour, et qui ne demande
qu'à être compris. Le cachet du jour lui disait donc
assez bien la nuance de sentiment qu'elle allait
transmettre, et fixait en quelque sorte son tourment.
Elle voulait quelquefois s'abuser encore : l'empreinte
de cire rose ou bleue lui montrait-elle une *fleur*, une
pensée haute et droite sur sa tige comme un lis (le
lis était alors fort régnant) : C'est peut-être un lis et
non une pensée, se disait-elle. Mais le lendemain le
lévrier fidèle et couché ne lui laissait aucun doute
et la poursuivait de tristes et amères langueurs. Le
lion au repos la faisait rêver ; à de certaines fois où
il n'y avait autour du cachet que le nom même des
jours de la semaine, elle respirait plus librement. Un
jour, y considérant avec surprise une tête de mort
et deux os en croix, elle se dit : Est-ce sérieux, n'est-ce
qu'un jeu ? s'affiche-t-elle donc ainsi la douleur ?

Elle n'avait pas tardé non plus à distinguer, entre
toutes, les lettres qu'il écrivait, tantôt mises dans la
boîte par lui-même, qui revenait exprès pour cela,
tantôt apportées par un domestique qu'elle eut vite
reconnu. Son coup d'œil saisissait, sans qu'un seul

mot fût dit. Ses lettres, à lui, étaient simples, sous enveloppe, sans cachet, adressées à Paris, poste restante, à un nom de femme qui ne devait pas être le véritable ; il semblait qu'elles fussent au fond bien plus sérieuses. Avec quelle émotion elle les pressait, quand elle y imprimait le timbre voulu !

Quel était-il, cet amour qui occupait tant le comte Hervé, qui l'avait arraché aux plaisirs d'une vie brillante, et le reléguait depuis près de six mois aux champs dans une unique pensée ? Peu nous importe ici, et le récit en serait trop semblable à celui de tant de liaisons incomplètes et avortées. Une femme du grand monde, à laquelle il avait rendu de longs soins, avait paru l'accueillir, lui promettre quelque retour ; elle avait même semblé lui accorder, lui permettre sans déplaisir quelqu'un de ces gages qui ne se laissent pas effleurer impunément. Elle avait fait semblant de l'aimer un peu, ou elle l'avait cru. Des obstacles survenus dans leur situation l'avaient décidé, lui, à partir, à se confiner pour un temps dans cet exil fidèle. Elle lui témoigna d'abord qu'elle lui en savait gré, eut l'air de l'en aimer mieux, et se multiplia à le lui dire. Mais peu à peu, les obstacles ou les distractions aidant, elle se rabattit à l'*amitié*

(grand mot des femmes, soit pour introduire, soit pour congédier l'amour), et elle en vint le plus in-génument du monde à oublier de plus douces pro-messes si souvent écrites, et même faites à lui par-lant, et non-seulement de la voix.

On n'en était pas là encore ; pourtant il y avait quelquefois des ralentissements dans la correspon-dance. Hervé semblait s'y attendre en ne venant pas, ou par moments il venait en vain.

Quand la correspondance allait bien, quand les cachets de Paris marquaient une *pensée* (car décidé-ment, si royalistes qu'on les voulût faire, cela ne pouvait ressembler à un lis), quand chaque courrier avait une réponse d'Hervé, Christel le sentait avec une anxiété cruelle, et il lui semblait que le courrier qui emportait cette réponse lui arrachait, à elle, le plus tendre de son âme, le seul charmant espoir de sa jeunesse.

Mais, si les lettres de Paris tardaient, s'il revenait plus d'une fois sans rien trouver, si, poli, discret, silencieux toujours, se bornant avec elle à l'indis-pensable question, il avait pourtant trahi son an-goisse par une main trop vivement avancée, par quelque mouvement de lèvre impatient, elle le plai-

gnait surtout, elle souffrait pour lui et pour elle-
même à la fois ; pâle et tremblante en sa présence
sans qu'il s'en doutât, elle lui remettait la missive
tant attendue, à lui pâle et tremblant aussi, mais de
ce qu'il redoute d'un seul côté ou de ce qu'il espère.
Elle voudrait la lettre heureuse pour lui, et elle la
craint heureuse ; elle est déchirée si elle l'a vu sourire aux premières lignes (car en ces cas d'attente il
décachetait brusquement), et, s'il lui semble plus
triste après avoir parcouru, elle demeure triste et
déchirée encore.

Oh ! si alors, un peu après, quelque pauvre jeune
fille paysanne venait apporter, en la tournant dans
ses mains, une lettre de sa façon pour un soldat du
pays, et la remettait, pour l'affranchir, avec toute
sorte d'embarras et rougissant jusqu'aux yeux, elle
aussi, tout bas, rougissait en la prenant et se disait :
C'est comme moi !

Vers ce temps, un jeune homme, fils d'un riche
notaire de l'endroit, pour lequel madame M... avait
eu en arrivant quelque lettre, mais qu'elle n'avait
pas cultivé, parut désirer d'être présenté chez elle et
d'obtenir le droit de la visiter. L'intention était évi-
dente. Madame M... en toucha un soir quelque chose

à sa fille ; dès les premiers mots, celle-ci coupa court
et, se jetant dans les bras de sa mère, la supplia avec
un baiser ardent de ne jamais lui en reparler ni de
rien de pareil. La mère n'insista pas ; mais, à la chaleur
du refus et à mille autres signes que son œil silencieux
depuis quelque temps saisissait, elle avait compris.

Pourtant, depuis des mois déjà que le comte Hervé
venait plusieurs fois par semaine, il ne s'était rien
passé au dehors entre Christel et lui, rien qui fût le
moins du monde appréciable, sinon à la sagacité d'un
cœur tout à fait intéressé. Pour deviner qu'une passion était en jeu, il aurait fallu être un rival, ou il
fallait être une mère, une mère prudente, inquiète
et malade, qu'éclaire encore sur l'avenir secret de sa
fille la crainte affreuse de la trop tôt quitter. Lui-
même, Hervé, avait à peine distingué, dans cette
chambre où il n'entrait jamais, la jeune fille, messagère passive de son amour. Elle en eut un jour la
preuve bien cruelle. C'était un dimanche ; elle était
sortie avec sa mère pour une promenade, ce qui leur
arrivait si rarement. Toutes deux suivaient à pas
lents la grande route, à cet endroit, fort agréable,
d'où la vue s'étend sur des champs arrosés et coupés
comme de plusieurs petites rivières, et par-delà encore,

Sur ce pays si vert, en tout sens déroulé,
Où se perd en forêts l'horizon ondulé.

Il y avait assez de monde le long de la route ; de loin on vit venir, à cheval, le comte Hervé ; c'était l'heure ordinaire de sa visite, et une lettre au bureau l'attendait. Christel trembla ; elle pria, à ce moment, sa mère de s'appuyer plus fort sur son bras, sans crainte de la lasser. Hervé passa bientôt sur la chaussée devant elles au petit trot ; il les regarda d'une façon assez marquée ; mais, ne les ayant jamais vues au dehors, ne s'étant jamais demandé apparemment ce que pouvait être Christel avec sa souple et fine taille en plein air, il ne les reconnut pas à temps et ne les salua pas. Dix minutes après, au retour, les rencontrant encore et ayant deviné sans doute (à ne voir que la domestique au bureau), que ce pouvait être elles, il les salua. Juste image du degré d'attention de sa part et d'indifférence !

Que fait donc, à certains moments, le cœur, et quelles sont ses distractions étranges ! Absorbé sur un point et comme aveugle, tout à côté il ne discerne rien. Mille fois, du moins, dans ces vieux romans tant goûtés, on voit le page, messager d'amour, dans

sa grâce adolescente, faire oublier à la dame du château celui qui l'envoie. Les brillants ambassadeurs
des rois, près des belles fiancées qu'ils vont quérir
aux rivages lointains, ont souvent touché les prémices
des cœurs. Ici, c'est près du jeune homme qu'une
belle jeune fille est messagère; élégante, légère,
demi-penchée, émue et alarmée, lisant, depuis des
mois, la mort ou la vie dans son regard, et il ne l'a
pas vue. Il est vrai qu'elle ne lui apparaît qu'en toilette simple, sans autre fleur qu'elle-même, derrière
des barreaux non dorés, dans une chambre étroite
que masque un bureau obscur : mais est-ce qu'elle
ne l'éclaire pas?

Christel avait d'affreux moments, des moments
durs, humiliés, amers ; la langueur et la rêverie premières étaient bien loin ; le souvenir de ce qu'elle
était la reprenait et lui faisait monter le sang au
front ; elle se demandait, en se relevant, pour qui
donc elle se dévorait ainsi. Elle faisait appel dans sa
détresse, oh ! non plus à ses goûts anciens, à ses gracieux amours de jeune fille, à ses lectures chéries
(tout cela était trop insuffisant et dès longtemps flétri
pour elle), mais à des sentiments plus mâles et plus

profonds, comme à des ressources désespérées, — à
son culte de la patrie, par exemple. Elle se repré-
sentait son père, le drapeau sous lequel il avait com-
battu, le deuil de l'invasion ; elle excitait, elle pro-
voquait en elle l'orgueil blessé des vaincus ; elle
cherchait à impliquer dans l'inimitié de ses représailles le jeune noble royaliste, le mousquetaire de
1814, mais en vain ; le ressort sous sa main ne répondait pas ; l'amour, qui aime à brouiller les dra-
peaux, se riait de ces factices colères. L'Empereur
évoqué en personne sur son rocher n'y pouvait rien.
— Elle voulait voir du mépris de la part d'Hervé, de
la fierté insolente dans cette inattention soutenue, et
tâchait de s'en irriter ; mais non, c'était moins et
c'était pis, elle le sentait bien ; ce prétendu dédain
s'enfonçait plus cruel, précisément en ce qu'il était
plus involontaire ; c'était de l'oubli.

Comment donc oublier à son tour ? Comment se
fuir elle-même, s'isoler contre l'incendie intérieur
qui s'acharnait ? Elle jetait dans un coin ces lettres
odieuses, et se jurait de ne les plus voir ni toucher.
Si elle avait pu, du moins, sortir, se distraire par le
monde, vivre de la vie de bal et s'étourdir comme la
plus frivole dans le tourbillon insensé, ou mieux,

s'échapper et courir par les bois, biche légère, et chercher, s'il en est, le dictame dans les antres secrets, au sein de la nature éternelle!

Dieux! que ne suis-je assise à l'ombre des forêts!

Mais non, encore non; sa cage la tient; il faut qu'elle y reste enfermée, sous cette grille, près du poison lent qui passe par ses mains et qui la tue, elle-même devenue jusqu'au bout l'instrument docile et muet de son martyre. Des larmes d'impuissance, de jalousie, d'humiliation et de honte, brûlent ses joues, et, versées au dedans de son âme, y dévastent partout la vie, l'espérance, la fraîcheur des bosquets du souvenir. — S'il entre pourtant, s'il a paru au seuil, en ce moment même, avec sa simple question habituelle, tête découverte et strictement poli, la voilà touchée; tout cet assaut de fierté s'amollit en humble douleur, et le reste n'est plus.

Six longs mois s'étaient écoulés depuis la première visite; on atteignait à la mi-octobre. Depuis quelque temps, les lettres venaient plus rares; une fois, deux fois, il s'était présenté sans en trouver. Il avait peine à y croire. A la seconde fois, déjà sorti à demi, il revint sur ses pas, et insista pour qu'on

voulût bien chercher encore. Elle le fit pour le satisfaire, sachant elle-même trop bien le résultat. Elle
apporta le paquet entier des lettres restantes sur la
petite tablette en dedans de la grille, et là, tous deux
penchés, dans leur inquiétude si diverse, suivaient
une à une les adresses ; leurs têtes s'effleuraient
presque à travers les barreaux ; mais, même ce jour-
là, il n'eut pas l'idée de franchir la porte tout à côté
pour chercher plus près d'elle, avec elle.

La pauvre mère sommeillait-elle alors? Elle se
taisait dans son fauteuil du fond, et palpitait, à en
mourir, autant que sa chère enfant. Que faire? Plus
souffrante depuis quelques jours, elle était dans
une presque impuissance de se lever. Un mouvement
brusque eût éclairé sa fille, l'eût avertie qu'elle
s'était trahie, eût, pour ainsi dire, donné de l'air à
cet incendie secret qui autrement, toute issue fermée,
avait chance de s'étouffer peut-être. La sage mère s'en
flattait encore, et elle contint au dedans toute pensée.

Une troisième fois, il revint, et il n'y avait pas
de lettres davantage. Il insista de nouveau, lui, si
convenable toujours, comme un homme que l'inquiétude égare un peu, et qui ne prend pas garde
de dissimuler. Elle, au milieu de la chambre, debout,

plus pâle que lui, répondait par monosyllabes sans comprendre, lorsque tout à coup, ne pouvant soutenir une lutte si inégale, elle se sentit chanceler, fit un geste comme pour se prendre à la grille, et tomba évanouie. La mère, qui, dès le commencement, n'avait rien perdu de ce trouble, s'arrachant précipitamment de son siége, où la clouait jusque là la douleur, et essayant de soulever la défaillante : « Oh ! Monsieur ! s'écriait-elle elle-même égarée ; ma chère fille ! ma pauvre fille ! qu'en avez-vous fait? Quoi? Monsieur... vous ne devinez pas? » Il s'était avancé pourtant, il avait franchi la grille, et était entré dans la petite chambre pour la première fois,—trop tard !

Bien souvent, entre les sentiments humains qui se pourraient compléter et satisfaire dans un mutuel bonheur, il y a pour obstacle... Quoi? Ni muraille, ni cloison, ni grille de fer, mais une simple grille de bois comme ici, et entr'ouverte encore, et on regarde à travers, et on ne devine pas, et on meurt ou on laisse mourir !

Christel reprit ses sens avec lenteur; elle vit, en rouvrant les yeux, Hervé près d'elle, comme s'il eût attendu son retour à la vie, et elle répondit à ce premier regard par un indéfinissable sourire. Il

revint tous les jours suivants ; il ne demanda plus de
lettres, et il n'en vint plus (du moins de cette main-là).

Un singulier et touchant concert tacite s'établit
entre ces trois êtres. Nulle explication ne fut deman-
dée ni donnée. La mère ne parla point en particulier
à sa fille. Hervé, attentif et discret, vint, revint, et
s'y trouva naturellement assis, chaque après-midi,
pour de longues heures. Il apprécia, dès qu'il y eut
tourné son regard, ces deux personnes si distinguées,
si nobles vraiment. La faiblesse de Christel continuait ; la pâleur et le froid du marbre n'avaient pas
quitté ses joues ; seulement elle souriait désormais,
et ses yeux, d'un bleu plus céleste, semblaient re-
mercier d'un bonheur. Son mal réel l'obligeant à
garder le repos, on ne se tenait plus dans la pièce
du devant ; une personne qu'Hervé avait indiquée,
une ancienne femme de charge, capable et sûre, y
passait le jour, à des conditions modiques, et, tout
en suivant son travail d'aiguille, répondait aux ve-
nants. C'était dans une chambre du fond, proche de
celle de madame M..., qu'on vivait retiré. La fenêtre
donnait sur un petit jardin, dont le mur, très-bas
et assez éloigné, laissait voir au-delà, bien loin, les
prairies et les collines, mais toutes dépouillées ;

c'était maintenant l'hiver. Que cette chambre d'une simple et virginale élégance, qu'ornait en un coin le portrait du père, et, au-dessous, la harpe (hélas ! trop muette) de Christel, eût été agréable et riante l'été, devant cette nature bocagère, près de ces hôtes chéris ! Hervé se le disait pour la première fois aux premières neiges.

La dure saison ne fut cependant pas dénuée, pour eux, d'intimes douceurs. Sans s'interroger, ils se racontaient insensiblement leur vie jusque-là, et elle se rejoignait par mille points. Oh! souvent, combien d'îles charmantes et variées à ce confluent des souvenirs ! Hervé et Christel n'avaient pas besoin de confronter longuement leurs âmes, de s'en expliquer la source et le cours :

On s'est toujours connu, du moment que l'on aime,

a dit un poëte; mais il est doux de se reconnaître, de faire pas à pas des découvertes dans une vie amie comme dans un pays sûr, de jouir jour par jour de ce nouveau, à peine imprévu, qui ressemble à des réminiscences légères d'une ancienne patrie et à ces songes d'or retrouvés du berceau. En peu de temps ils mirent ainsi bien du passé dans leur amour. La famille d'Hervé avait des alliances en Allemagne :

lui-même en savait parfaitement la langue. Quelle
joie pour Christel, quel attendrissement pour la mère
de s'y rencontrer avec lui comme en un coin libre et
vaste de la forêt des aïeux ! La petite bibliothèque de
Christel possédait quelques livres favoris, venus de
là-bas par sa mère ; il leur en lisait parfois, une ode
de Klopstock, quelque poëme de Matthisson, une
littérature allemande déjà un peu vieillie, mais
élevée et cordiale toujours. Un livre alors tout nouveau, et qu'il leur avait apporté, enchanta fréquemment les heures ; c'était les *Méditations poétiques ;*
plus d'une fois, en lisant ces élégies d'un deuil si
mélodieux, il dut s'arrêter par le trop d'émotion et
comme sous l'éclair soudain d'une allusion doulou-
reuse. Cette harpe immobile dans un angle de la
chambre attirait aussi son regard, et il eût désiré
que Christel y touchât ; mais la faiblesse de la jeune
fille ne le lui eût pas permis sans une extrême fatigue. On se disait que ce serait pour le printemps,
et qu'elle le saluerait d'un chant plus joyeux après
tant de silence. Ils eurent ainsi des soirs de bonheur,
sans rien presser, sans trop prévoir.

Hervé, certes, aimait Christel : l'aimait-il de véritable amour, c'est-à-dire de ce qui n'est ni voulu ni

motivé, de ce qui n'est ni la reconnaissance, ni la
compassion, ni même l'appréciation profonde, rai-
sonnée et sentie de tous les mérites et de toutes les
grâces? Car l'amour en soi n'est rien de tout cela, et,
en de certains moments étranges, il s'en passerait.
Je n'ose affirmer tout à fait pour Hervé : mais il l'aimait avec tendresse, il la chérissait plus qu'une
sœur; et il est certain que, dès le second jour de
cette intimité, il agita de naturels, de délicats et
loyaux projets. Mieux il connut madame M*** et ses
origines, et moins il prévit d'obstacles insurmontables
à ses désirs dans sa propre famille à lui. Bien des
fois déjà les propositions d'avenir avaient erré sur ses
lèvres, et la seule timidité, cette pudeur de toute
affection sincère, avait fait ses paroles moins pré-
cises qu'il n'aurait voulu. Un soir qu'on avait plus
longuement causé de guérison et d'espérance, qu'on
avait projeté pour Christel des promenades à cheval
au printemps, qu'on s'était promis de se diriger sur
les domaines d'Hervé, vers un bois surtout de hêtres
séculaires qu'avaient habité les fées de son enfance,
et dont il aimait à vanter la royale beauté, il crut le
moment propice, et, après quelques mots sur sa
mère, à laquelle il avait parlé, disait-il, de cette

visite désirée : « Il est temps, ajouta-t-il d'un ton
marqué, qu'elle connaisse celle qui lui vient. »
Christel tressaillit et l'arrêta ; ce fut un simple geste,
un signe de tête accompagné d'un coup d'œil au ciel,
le tout si résigné, si reconnaissant, si négatif à la
fois, avec un sourire si pâli, et dans un sentiment si
profond et si manifeste du néant de pareils projets à
l'égard d'une malade comme elle, que la mère navrée
ne put qu'échanger avec Hervé un lent regard noyé
de larmes.

Le printemps revenait ; avril, dès le matin, perçait
avec sa pointe égayée, et les rayons autour des bour-
geons, et les oiseaux à la vitre, se jouaient comme
au jour où Christel, il y avait juste un an, avait
remarqué les lettres fatales pour la première fois.
L'horizon champêtre du petit salon s'arrangeait au
loin déjà vert, et présageait peu à peu l'ombrage et
les fleurs. Christel ne quittait plus cette chambre ;
on y avait placé à un bout son lit si modeste, qui,
sans rideaux, sous un châle jeté, paraissait à peine.
Elle se levait pourtant, et restait sur sa chaise toute
l'après-midi et les soirs comme auparavant. Malgré
sa faiblesse croissante, depuis quelques jours, elle

semblait mieux ; je ne sais quel mouvement de physionomie et de regard, plus de couleur à ses joues,
avaient l'air de vouloir annoncer l'influence heureuse de la jeune saison. Hervé se disait qu'il fallait
croire, ses discours aussi le disaient, et depuis deux
heures, aux rayons du soleil baissant, on parlait de
l'avenir. Christel s'était prêtée à l'illusion et en avait
tiré parti pour tracer à Hervé, avec un détail rempli
tout bas de vœux et de conseils, une vie de bonheur
et de vertu, où lui, qui l'écoutait, la supposait active
et présente en personne, mais où elle se savait d'a-
vance absente, excepté d'en haut et pour le bénir :
« Vous vivrez beaucoup dans vos terres, lui disait-
elle ; Paris et le monde ne vous rappelleront pas
trop ; il y a tant à faire autour de soi pour le bien le
plus durable et le plus sûr. Vous prendrez garde à
toutes ces haines de là-bas, et vous tâcherez surtout
de concilier ici. » Et la famille, et les enfants, elle
venait aussi à en parler, et embellissait par eux
les devoirs : « Ils auront les mêmes fées que vous
sous vos mêmes ombrages. » Hervé n'essayait plus
de comprendre, il nageait dans une sainte joie ; le
jour tombant et de si franches paroles l'enhardis-
saient ; il exprima nettement ce désir prochain

d'union, et cette fois, soit qu'elle fût trop faible, après tant d'efforts, ou trop attendrie, elle le laissa s'expliquer jusqu'au bout sans l'interrompre. Il avait fini, lorsqu'il vit dans l'ombre une main qui s'avançait comme pour chercher la sienne; il la donna et sentit qu'après une tremblante étreinte, celle de Christel ne se retirait qu'après lui avoir remis celle même de sa mère. Un long silence d'émotion suivit; le jour était tout à fait tombé; on n'entendait qu'un soupir. Après un certain temps, tout d'un coup la domestique entra, sans qu'on l'eût appelée, apportant un flambeau : mais la brusque lumière éclaira d'abord le front blanc de Christel renversé en arrière, et ses yeux calmes à jamais endormis.

Dès le lendemain, Hervé emmena la mère et la conduisit au château de sa famille, où tous les égards délicats, et de sa part un soin vraiment filial, l'environnèrent. Ce ne fut pas pour longtemps, et, avant la fin du prochain automne, elle avait rejoint, sous les premières feuilles tombantes du cimetière, l'unique trésor qu'elle avait perdu.

Et qu'est devenu Hervé? Oh ! ceci importe moins; les hommes, même les meilleurs souvent, et les plus

sensibles, ont tant de ressources en eux, tant de suc-
cessives jeunesses! Il a souffert, mais il a continué
de vivre. Le monde l'a repris ; les passions politiques
l'ont distrait, peut-être aussi d'autres passions de
cœur, si ce n'en est pas profaner le nom que de
l'appliquer à des attraits si passagers. Quoi qu'il
soit devenu, et quoi qu'il fasse, il se ressouvient
éternellement, du moins, de cette divine douleur de
jeune fille, et, à ses bons et plus graves moments,
sous cette neige déjà que le bel âge enfui a laissée par
places à son front, il en fait le refuge secret de ses
plus pures tristesses, et la source la plus sûre encore
de ce qui lui reste d'inspirations désintéressées.

« — C'est trop vrai, dit alors une jeune et belle
femme, et déjà éprouvée, qui avait écouté jusque-là
en silence toute cette histoire ; ô hommes, combien
vous faut-il donc ainsi de ces existences cueillies en
passant pour vous tresser un souvenir ! »

15 novembre 1839.

FIN.

TABLE DES MATIÈRES.

———●○○●———

———●———

Pour les bibliographes seulement, et ne fût-ce que pour l'estimable M. Quérard, l'auteur insère ici, faute d'autre lieu, le renseignement qui suit :

Les *Critiques et Portraits*, auxquels se rattache ce petit volume, forment, à cette date de 1842, 5 volumes in-8° :

le premier volume publié en 1832, les second et troisième en 1836, les quatrième et cinquième en 1839. De plus, le premier volume a eu une *seconde* édition *véritable* en 1836, et a été notablement augmenté et corrigé dans cette réimpression, reconnaissable à ses 560 pages, et au post-scriptum de la préface. Mais, contre ce qu'on croyait prévu, la première édition, non épuisée, du premier volume a continué de se débiter de préférence à la seconde, qui n'a été mise qu'incomplétement en circulation, et que l'auteur signale aux gens du métier, parce que c'est en définitive sur elle que, pour ces débuts critiques, il aimerait à être jugé.

www.ingramcontent.com/pod-product-compliance
Lightning Source LLC
Chambersburg PA
CBHW050509270326
41927CB00009B/1959